KT
Kaiser Taschenbücher
144

Christian Gremmels
Heinrich W. Grosse

Dietrich Bonhoeffer
Der Weg in den Widerstand

Mit Beiträgen von Renate Bethge, Eberhard Bethge,
Gaetano Latmiral und Albrecht Schönherr

Chr. Kaiser

Originalausgabe

Die Deutsche Bibliothek – CIP-Einheitsaufnahme

Gremmels, Christian:
Dietrich Bonhoeffer: der Weg in den Widerstand / Christian
Gremmels; Heinrich W. Grosse. Mit Beitr. von Renate Bethge ...
– Orig.-Ausg. – Gütersloh: Kaiser, 1996
(Kaiser Taschenbücher; 144)
ISBN 3-579-05144-X
NE: Grosse, Heinrich:; GT

ISBN 3-579-05144-X
© Chr. Kaiser/Gütersloher Verlagshaus, Gütersloh 1996

Das Werk einschließlich aller seiner Teile ist urheberrechtlich geschützt.
Jede Verwertung außerhalb der engen Grenzen des Urheberrechtsgesetzes
ist ohne Zustimmung des Verlages unzulässig und strafbar. Das gilt insbesondere für Vervielfältigungen, Übersetzungen, Mikroverfilmungen und
die Einspeicherung und Verarbeitung in elektronischen Systemen.

Umschlaggestaltung: Ingeborg Geith, München, unter Verwendung eines
Fotos von Dietrich Bonhoeffer zusammen mit gefangenen Offizieren der italienischen Luftwaffe im Hof des Wehrmachtsuntersuchungsgefängnisses
Berlin-Tegel, © Gaetano Latmiral, Neapel.
Satz: Weserdruckerei Rolf Oesselmann GmbH, Stolzenau
Druck und Bindung: Clausen & Bosse, Leck
Gedruckt auf chlorfrei gebleichtem Werkdruckpapier
Printed in Germany

Inhalt

Vorwort 7

Der Weg in den Widerstand 9

Für Verfolgte eintreten
Bonhoeffer und die Juden 14

Gegen Verfolger handeln
Vom Pazifismus zum Widerstand 23

Gemeinsames Leben und Nachfolge 32

Die Beteiligung an der Verschwörung 39

Anmerkungen 65

Personen 70

Zeittafel 76

Die Autoren 78

Vorwort

In diesem Band wird – in Ergänzung zu den Untersuchungen der Bonhoeffer-Forschung – der Versuch unternommen, Dietrich Bonhoeffers »Weg in den Widerstand« vor allem für diejenigen nachzuzeichnen, die an einer ersten Begegnung mit Leben und Werk dieses Theologen interessiert sind. Um dieser Begegnung willen haben wir als Verfasser uns Zurückhaltung auferlegt: Unsere Erläuterungen beschränken sich auf diejenigen Angaben zu den lebens- und zeitgeschichtlichen Umständen, die zur Ermöglichung einer solchen Begegnung unumgänglich sind. Sie dienen als »Kulissen« einer »Bühne«, auf der Bonhoeffers Stimme vernehmbar werden soll; es ist dies die Stimme eines evangelischen Pfarrers, der als »Zeuge Jesu Christi unter seinen Brüdern« den Widerstand gegen den Nationalsozialismus mit dem Leben bezahlte und der von der weltweiten Christenheit heute zu den christlichen Märtyrern dieses Jahrhunderts gezählt wird. Die Bedeutung dieses großen Theologen ist auch in Deutschland – an vielen Orten tragen Kirchen, Gemeindezentren, Schulen und Straßen seinen Namen – öffentlich in Geltung gesetzt.

Dabei ist die Gefahr einer wohlfeilen, folgenlosen »Heiligenverehrung« und Vereinnahmung Bonhoeffers nicht zu übersehen. Wo jedoch die Erinnerung an den kirchlichen und politischen Außenseiter Dietrich Bonhoeffer ernst genommen wird, da erweist sich die Erinnerung an ihn als eine »gefährliche Erinnerung«. Sie ist eine gefährliche, keine beruhigende Erinnerung, weil sie uns in unseren Einstellungen und Verhaltensweisen, in unserem Lebensstil und unserem christlichen Glauben nicht einfach bestätigt, sondern in Frage stellt und herausfordert. Dies gilt gerade vor dem Hintergrund neudeutscher Normalität, in der Fragen nach sozialer Gerechtigkeit häufig durch »Abschottung« nach innen und außen abgewehrt werden; in der immer mehr Menschen meinen, politische Probleme durch militärische Maßnahmen »lösen« zu können; in der Kirchen versucht sind, sich vorrangig um ihre Selbsterhaltung zu kümmern.

Natürlich kann es nicht darum gehen, Bonhoeffers theologische und politische Antworten auf die ihm gestellten Fragen einfach zu übernehmen. Aber die Erinnerung an ihn mag uns dazu verhelfen, *unseren* Ort zu entdecken, um so die Aufgaben wahrzunehmen, die uns zugefallen sind.

Der Text dieses Bandes wurde 1995 auf dem »Evangelischen Kirchentag« in Hamburg (in einer kürzeren Fassung) zum ersten Mal vorgetragen. Aus Anlaß des 50. Todestages von Dietrich Bonhoeffer fand auf dem Gelände des ehemaligen Konzentrationslagers Neuengamme ein »Liturgischer Tag« statt. An der Gestaltung dieses Tages, an dem ein Stück Kirche als »Lerngemeinschaft für Zivilcourage« (Wolfgang Huber) sichtbar geworden sein mag, waren mit Eberhard Bethge, Renate Bethge und Albrecht Schönherr auch drei Zeitzeugen beteiligt, deren persönliche Erinnerungen an Dietrich Bonhoeffer in dieses Buch aufgenommen werden. Gaetano Latmiral, der als vierter Zeitzeuge auf der Veranstaltung sprechen sollte, ist wenige Wochen zuvor gestorben. Um auch ihn, unseren gemeinsamen Freund, zu Wort kommen zu lassen, haben wir Passagen aus einem Interview abgedruckt, in denen er über seine Begegnung mit Bonhoeffer berichtet.

Christian Gremmels/Heinrich W. Grosse
Kassel, Hannover, im November 1995

Der Weg in den Widerstand

Im Jahr 1990 wurden im »Militärhistorischen Archiv« in Prag Akten des »Reichskriegsgerichts« aufgefunden, darunter die Anklageschrift gegen Pfarrer Dietrich Bonhoeffer.

»Reichskriegsgericht. Berlin-Charlottenburg 5, den 21. September 1943 (...) Geheime Kommandosache (...) Anklageverfügung: Gegen den Pfarrer Dietrich Bonhoeffer, geboren am 4. Februar 1906 zu Breslau, evangelisch, ledig, gerichtlich nicht vorbestraft, seit dem 5. April 1943 vorläufig festgenommen im Wehrmachtuntersuchungsgefängnis Berlin-Tegel, wird die Anklage verfügt. Er ist hinreichend verdächtig zu Berlin und an anderen Orten (...) im Jahre 1939/40 es unternommen zu haben, durch ein auf Täuschung berechnetes Mittel sich der Erfüllung des Wehrdienstes zeitweise zu entziehen (...) Verbrechen gegen § 5 Absatz 1 Ziffer 3 der Kriegssonderstrafrechts-Verordnung.«[1]

Fünf Monate zuvor, am 5. April 1943, war Dietrich Bonhoeffer – zusammen mit seinem Schwager Hans von Dohnanyi (als Leiter der »Zentralabteilung« im »Amt Ausland/Abwehr« im Oberkommando der Wehrmacht der »Kopf« des militärischen Widerstands) und dessen Frau Christine, Bonhoeffers Schwester, – verhaftet und in das Wehrmachtuntersuchungsgefängnis in Berlin-Tegel verbracht worden. Seither hatte die »Geheime Staatspolizei« gegen ihn und die Dohnanyis ermittelt. Die Untersuchungen erstreckten sich nicht nur auf den Verdacht der »Wehrkraftzersetzung« – ein Verbrechen, das mit dem Tode bestraft wurde, ermittelt wurde auch wegen Beihilfe zur Flucht von Juden, und Verdacht erregten auch jene Auslandsreisen, die Bonhoeffer im Auftrag des »Amtes Ausland/Abwehr beim Oberkommando der

Wehrmacht« unter Admiral Canaris unternommen hatte. Bei diesen Reisen hatte Bonhoeffer dem militärischen Widerstand, der das Attentat auf Hitler plante, als »Bote« mit Spezialauftrag gedient: Bonhoeffer sollte über Verbindungen, die ihm von seinen früheren Auslandsreisen her zur Verfügung standen, »die Westmächte über Fortgang, Pläne und Möglichkeiten der Widerstandsbewegung (...) informieren«; denn es kam entscheidend darauf an, mit Hilfe solcher Informationen die West-Alliierten »vom Friedenswillen einer neuen Regierung nach Hitlers Sturz zu überzeugen und sie für diesen Augenblick zu akzeptablen (...) Waffenstillstandsbedingungen geneigt zu machen«[2].

Zum Zeitpunkt der »Anklageverfügung« gegen Bonhoeffer, im September 1943, tappte die »Geheime Staatspolizei« noch sehr im dunkeln. Die Ermittlungen, die sie anstellte – die zahlreichen Verhöre und Gegenüberstellungen –, hatten es nicht vermocht, das wirkliche Ausmaß der Verschwörung gegen Hitler aufzudecken. Die Verschwörer hatten es erreicht, durch Nachrichten, die sie aus ihren Gefängnissen herausschmuggelten, »Sprachregelungen« zu vereinbaren; es gelang, die jeweiligen Verhör-Aussagen aufeinander abzustimmen: Wovon Hans von Dohnanyi gesprochen hatte, das konnte sein Schwager Dietrich Bonhoeffer auch ansprechen. Was jener verschwiegen hatte, das blieb auch bei diesem in Schweigen gehüllt. So gelang die Täuschung. Das Entscheidende blieb unentdeckt, die Konspiration konnte von denen, die noch frei waren, fortgesetzt werden.

Dietrich Bonhoeffer ist die Erleichterung anzumerken. Ende November 1943, sieben Monate nach der Verhaftung, schreibt er mit Blick auf den Untersuchungsführer, Oberstkriegsgerichtsrat Dr. Manfred Roeder, an seinen Freund und Schüler Eberhard Bethge:

R(oeder) wollte mir am Anfang gar zu gern an den Kopf, nun mußte er sich mit einer höchst lächerlichen Anklage begnügen, die ihm wenig Ruhm eintragen wird.[3]

Und so lehnt es der Untersuchungsrichter im Mai 1944 auch ab, aufgrund der bis dahin formulierten Beschuldigungen die Anklage zu erheben – dies ist der Augenblick, in dem für Bonhoeffer die Freiheit nahe schien. Doch dann ändert sich schlagartig alles: Mit dem Scheitern des Putsches gegen Hitler vom 20. Juli 1944 gerät der Tegeler Gefangene in die Maschinerie der Verfolgung; seine Lage wird aussichtslos, als die Geheime Staatspolizei Aufzeichnungen der Verschwörer entdeckt. Am 8. Oktober 1944 wird Bonhoeffer in das Kellergefängnis der Prinz-Albrecht-Straße verbracht. Vier Monate später, am 7. Februar 1945, muß er von dort den Weg antreten, der ihn nach Flossenbürg in den Tod führen wird.

Ein evangelischer Pfarrer, an dem Versuch beteiligt, Hitler zu töten. War das erlaubt? Sind Ausnahmesituationen denkbar, in denen das Gebot Gottes »Du sollst nicht töten« nicht gilt? Und weiter: Bedeutete der Widerstand, zu dem die Verschwörergruppe sich entschlossen hatte, nicht notwendigerweise Gewaltanwendung? War Dietrich Bonhoeffer nicht Pazifist?

Nicht erst wir fragen so, auch Bonhoeffers Mitgefangene in Tegel haben ihn dies gefragt: »Als ein Mitgefangener beim Spaziergang auf dem Hof Bonhoeffer einmal fragte, wie er denn als Christ und Pfarrer sich an einem Komplott beteiligen könne – es war keine Zeit, lange zu argumentieren –, sagte er dazu: *Wenn ein Wahnsinniger auf dem Kurfürstendamm sein Auto über den Gehweg steuert, so kann ich als Pastor nicht nur die Toten beerdigen und die Angehörigen trösten; ich muß hinzuspringen und den Fahrer vom Steuer reißen, wenn ich eben an dieser Stelle stehe.*«[4]

Eberhard Bethge hat die Einstellung seines Freundes so gedeutet: »›Du sollst nicht töten‹ gilt ja nicht nur für den 20. Juli 1944, sondern es begleitet auch die gesamte Geschichte des Hitlerregimes, das ein mörderisches Regime war von Anfang an. Von Anfang an hätte das Gebot ›Du sollst nicht töten‹ beachtet werden müssen. Indem es jedoch unbeachtet blieb, entstand ein Berg an Mitverantwortung, entstand jene Schuld, der gegenüber es eines Tages nur diese schuldhafte Lösung gab, für die Bonhoeffer an keiner Stelle jemals eine Rechtfertigung geschrieben hat. Er hat dafür bezahlt. Als ihn Hans von Dohnanyi fragte: Gilt der Satz ›Wer das Schwert nimmt, wird durch das Schwert umkom-

Dietrich Bonhoeffer im Hof des
Wehrmachtsuntersuchungsgefängnisses von Tegel (Sommer 1944).

men‹ jetzt nicht auch für uns?, antwortete Bonhoeffer: Natürlich, das gilt auch für uns. Aber solcher Leute, die dies über sich gelten lassen, deren bedarf es jetzt.«[5]

Ein halbes Jahrhundert nach seiner Ermordung im Konzentrationslager von Flossenbürg wollen wir versuchen, *Dietrich Bonhoeffers Weg in den Widerstand* nachzuzeichnen.

»Widerstand« – das sagen wir einfach so, so selbstverständlich sagen wir dies. Muß man nicht fragen: Warum in den Widerstand gehen? Und wie macht man das eigentlich? Welcher Mittel darf man sich dabei bedienen? Welche Folgen hat man zu erwarten – für sich, für die Angehörigen, die Familie? Gibt es politischen Widerstand aus christlicher Verantwortung? Und wie läßt er sich rechtfertigen?

Im folgenden wollen wir an *vier Stationen* entlang Dietrich Bonhoeffers Weg in den Widerstand nachzeichnen.

Für Verfolgte eintreten
Bonhoeffer und die Juden

Bereits zwei Monate nach Hitlers Machtübernahme, am 1. April 1933, organisierten die Nazis einen Boykott jüdischer Geschäfte. Es zeigte sich also sehr früh, daß die Judenverfolgung ein Kernpunkt der nationalsozialistischen Politik war. Aber es gibt keinen öffentlichen Protest an diesem 1. April 1933, auch nicht von den Kirchen. Am 7. April wird im Reichstag das »Gesetz zur Wiederherstellung des Berufsbeamtentums« beschlossen; der in diesem Gesetz enthaltene sogenannte »Arierparagraph« bietet den gesetzlichen Rahmen dafür, daß nunmehr jüdische Beamte aus ihren Berufen entfernt werden. (In Köln zum Beispiel werden von der SS jüdische Richter und Anwälte aus dem Justizgebäude gezerrt, sie werden mißhandelt und in Fahrzeuge des städtischen Fuhrparks gestoßen – und auf geht's zur »Müllkübelfahrt« quer durch die Stadt, die zu Ehren von Bismarcks Geburtstag in festlichem Flaggenschmuck prangt).[6]

Acht Tage später, am 15. April 1933, schließt Bonhoeffer einen Aufsatz ab, dem er den Titel gibt: »Die Kirche vor der Judenfrage«.[7] Aus heutiger Sicht fällt auf, daß auch Bonhoeffer in seinem theologischen Denken nicht frei ist von überkommenen antijüdischen Tendenzen. So, wenn er in dem erwähnten Aufsatz beispielsweise schreibt:

Niemals ist in der Kirche Christi der Gedanke verlorengegangen, daß das »auserwählte Volk«, das den Erlöser der Welt ans Kreuz schlug, in langer Leidensgeschichte den Fluch seines Tuns tragen muß.

Oder:
Ohne Zweifel ist eines der geschichtlichen Probleme, mit denen

der Staat fertig werden muß, die Judenfrage, und ohne Frage ist der Staat berechtigt, hier neue Wege zu gehen.[8]

Waren solche Gedanken damals nicht allgemein verbreitet? Worin bestand das Besondere an Bonhoeffers Stellungnahme?

Ungewöhnlich war, daß Bonhoeffer von der Kirche eine kritische Haltung gegenüber staatlichem Handeln erwartete. Wie hat sich die evangelische Kirche dem Tun dieses Staates gegenüber zu verhalten? Bonhoeffer nennt drei Möglichkeiten:

Erstens (...) die an den Staat gerichtete Frage nach dem legitim staatlichen Charakter seines Handelns, d.h. die Verantwortlichmachung des Staates. Zweitens der Dienst an den Opfern des Staatshandelns. Die Kirche ist den Opfern jeder Gesellschaftsordnung in unbedingter Weise verpflichtet, auch wenn sie nicht der christlichen Gemeinde zugehören. (...) Die dritte Möglichkeit besteht darin, nicht nur die Opfer unter dem Rad zu verbinden, sondern dem Rad selbst in die Speichen zu fallen. Solches Handeln wäre unmittelbar politisches Handeln der Kirche.[9]

Als Bonhoeffer diese Gedanken vor einem Pastorenkreis vorträgt, verlassen einige Teilnehmer den Raum. Ein wichtiger Grund für Bonhoeffers frühe und deutliche Stellungnahme gegen die Judenverfolgung war wohl, daß seine Familie in Berlin-Grunewald viele jüdische Freunde hatte und so von Anfang an für die Unmenschlichkeit der antijüdischen Maßnahmen sensibel war. Bonhoeffers Vater hatte jüdische Assistenten. Der Ehemann von Dietrichs Zwillingsschwester Sabine war Christ jüdischer Herkunft.

Aber auch der so mutige Bonhoeffer war keineswegs immer so mutig. Am 11. April 1933 stirbt der jüdische Schwiegervater seiner Zwillingsschwester Sabine. Bonhoeffer wird gebeten, ihn zu beerdigen. Nach Rücksprache mit dem zuständigen kirchlichen Vorgesetzten lehnt er diese Bitte ab. Wie ein Brief an Gerhard und Sabine Leibholz zeigt, hat Bonhoeffer diese Entscheidung wenig später tief bereut:

Es quält mich jetzt (...), daß ich damals nicht ganz selbstverständlich Deiner Bitte gefolgt bin. Ich verstehe mich offen gestanden selbst gar nicht mehr. Wie konnte ich damals nur so grauenhaft ängstlich sein? Ihr habt es gewiß auch gar nicht recht verstanden und mir nichts gesagt. Aber mir geht es nun ganz gräßlich nach, auch weil es gerade etwas ist, was man nun nie wieder gutmachen kann. Also ich muß Euch nun heute einfach bitten, mir diese Schwäche damals zu verzeihen. Ich weiß heute sicher, ich hätte es anders machen sollen.[10]

Im August 1933 verfaßt Bonhoeffer mit seinem »nicht-arischen« Freund Franz Hildebrandt ein Flugblatt, um die Einführung des »Arierparagraphen« in die Kirche zu verhindern. Die Position der Freunde ist eindeutig:

Darum ist der Arierparagraph eine Irrlehre von der Kirche und zerstört ihre Substanz. Darum gibt es einer Kirche gegenüber, die den Arierparagraphen (...) durchführt, nur noch einen Dienst der Wahrheit, nämlich den Austritt.[11]

Bonhoeffers Engagement ist vergeblich. Im September 1933 beschließt seine eigene Kirche – die Kirche der altpreußischen Union – die Einführung des »Arierparagraphen« auch in ihrem Bereich, obwohl das staatliche Gesetz dies gar nicht vorgesehen hatte. In dem neuen Kirchengesetz heißt es: »Wer nichtarischer Abstammung oder mit einer Person nichtarischer Abstammung verheiratet ist, darf nicht als Geistlicher und Beamter der allgemeinen kirchlichen Verwaltung berufen werden. Geistliche und Beamte arischer Abstammung, die mit einer Person nichtarischer Abstammung die Ehe eingehen, sind zu entlassen.«[12]

In einem Brief an einen Studienfreund erinnert Bonhoeffer an ein Wort aus der Hebräischen Bibel:

Es muß auch endlich mit der theologisch begründeten Zurückhaltung gegenüber dem Tun des Staates gebrochen werden – es ist ja doch alles nur Angst. »Tu den Mund auf für die Stummen«

(Spr. 31,8) – wer weiß denn das heute noch in der Kirche, daß dies die mindeste Forderung der Bibel in solchen Zeiten ist?[13]

Gegenüber Kandidaten des Pfarramts erklärt er im Blick auf die sogenannte »Judenfrage«, die ja in Wirklichkeit eine »Christenfrage« ist:

Hier wird wahrscheinlich die Entscheidung fallen, ob wir noch Kirche des gegenwärtigen Christus sind. Judenfrage![14]

Nach der Verabschiedung der »Nürnberger Gesetze« von 1935, die die völlige Entrechtung der Juden besiegelten, tagte in Berlin-Steglitz eine Synode der Bekennenden Kirche. Die Mitglieder der Bekennenden Kirche lehnten die Irrlehren der »Deutschen Christen« – der Anhänger Hitlers in der Kirche – und die Kirchenpolitik der Nationalsozialisten ab. Aber auch sie taten ihren Mund nicht auf für die Entrechteten. Der Wunsch nach kirchlicher Selbsterhaltung und Angst bestimmten wohl ihr Handeln. So warnte der bayrische Bischof Meiser vor jeder Behandlung der »Nürnberger Gesetze« auf der Synode: »Ich möchte meine Stimme erheben gegen ein selbstverschuldetes Martyrium.«[15]

Anders als der Bischof verdrängte Bonhoeffer nicht, wer die wirklichen Opfer der Nazi-Politik waren. Als die Synode zu den »Nürnberger Gesetzen« schweigt und zur selben Zeit viele Vikare sich in gregorianischem Gesang üben, mahnt er:

Nur wer für die Juden schreit, darf auch gregorianisch singen.[16]

In der Nacht vom 9. auf den 10. November 1938 brennen in Deutschland Synagogen – auch in Köslin, in Pommern, wo die von Bonhoeffer unterrichteten Vikare wohnen. Einer von ihnen berichtet später: »Unter uns entstand (...) eine große Diskussion, wie diese Tat zu werten sei. (...) Einige sprachen von dem Fluch, der seit dem Kreuzestod Jesu Christi auf dem Volk der Juden läge. Hiergegen wandte sich Bonhoeffer aufs allerschärfste. (...) *Hier sei reine Gewalt geschehen.*«[17]

Ein beredtes Zeugnis für Bonhoeffers Solidarisierung mit den Opfern der Reichspogromnacht ist seine Bibel. Neben Psalm 74,8 hat er mit Ausrufungszeichen an den Rand geschrieben: *9.11.1938!*[18] Psalm 74,8 und die folgenden Verse lauten: »Sie sprechen in ihrem Herzen: ›Laßt uns sie plündern!‹ Sie verbrennen alle Häuser Gottes im Lande. Unsere Zeichen sehen wir nicht, und kein Prophet predigt mehr, und keiner ist bei uns, der weiß, wie lange. Ach Gott, wie lange soll der Widersacher schmähen und der Feind deinen Namen so gar verlästern?«

Einige Monate nach der Reichspogromnacht erklärt der hannoversche Bischof Marahrens: »Im Gehorsam gegen die göttliche Schöpfungsordnung bejaht die evangelische Kirche die Verantwortung für die Reinerhaltung unseres Volkstums. Darüber hinaus gibt es im Bereich des Glaubens keinen schärferen Gegensatz als den zwischen der Botschaft Jesu Christi und der jüdischen Religion der Gesetzlichkeit.«[19] Mit solchen Worten rechtfertigt der lutherische Bischof faktisch die brutale Verstoßung der Juden. Ganz anders Bonhoeffer, dessen »Ethik« den prophetischen Satz enthält:

Eine Verstoßung der Juden aus dem Abendland muß die Verstoßung Christi nach sich ziehen; denn Jesus Christus war Jude.[20]

Im Oktober 1941 verfaßt Bonhoeffer mit seinem Freund Friedrich Justus Perels, der ebenfalls unter die »Nicht-Arier-Gesetzgebung« fiel, zwei Berichte über die ersten großen Judendeportationen in Berlin. Die hier zusammengetragenen Fakten sollen Hitler-kritische Generäle zum Handeln motivieren. Im »Bericht über die N(icht) A(rier)-Evakuierung« heißt es:

Es wurden durch das Wohnungsamt der Jüdischen Gemeinde kurze schriftliche Mitteilungen gesandt, daß die Wohnung bzw. das Zimmer (bei Untermietern) auf »behördliche Anordnung« für eine Räumung vorgesehen sei. Die Empfänger der Mitteilung, die sie teilweise durch Rohrpost erhielten, mußten am gleichen oder nächsten Tage persönlich zum Wohnungsamt (mit sämtlichen evtl. Untermietern); Arbeitende mußten sich zu diesem Zweck beur-

lauben lassen. (...) Sinn und Zweck der Maßnahme wurde geheim gehalten. Entweder unmittelbar vor oder nach diesen Feststellungen durch die Jüdische Gemeinde erhielten die meisten der Betroffenen Fragebogen betr. Vermögen, Wohnungsinventar, Kleidung, Wäsche (Leib-, Bett-, Tischwäsche). Es mußte der gesamte Bestand angegeben werden (...). Ohne vorangegangene Benachrichtigung erschien in der Nacht vom 16. zum 17. Oktober Berliner Polizei oder Gestapo in den Wohnungen derjenigen, die die genannten Listen hatten ausfüllen müssen, und führte die Betreffenden auf das Polizeirevier; von dort wurden sie in Gruppen in die Synagoge in der Levetzow-Str. transportiert. (...) Wahrscheinlich wurden die Berliner Nichtarier nach Lietzmannstadt transportiert. Der Abtransport erfolgt lt. noch nicht nachgeprüften Mitteilungen am Sonnabend in drei Etappen: morgens um 7 Uhr, mittags gegen 2 Uhr, abends gegen 7 Uhr. Im Ganzen sollten allein aus Berlin 4-5000 Menschen abtransportiert werden. Die erste Welle soll rund 1500 erfaßt haben.[21]

Diese von Bonhoeffer und Perels verfaßten Berichte sind vermutlich die frühesten bekannten Reaktionen der politischen Widerstandsbewegung auf die Massendeportationen.

Etwa zur gleichen Zeit, kurz vor Weihnachten 1941, schlossen viele Landeskirchen Kirchenmitglieder jüdischer Herkunft aus. In einer »Bekanntmachung über die kirchliche Stellung evangelischer Juden« heißt es:

»Die nationalsozialistische deutsche Führung hat mit zahlreichen Dokumenten unwiderleglich bewiesen, daß dieser Krieg in seinen weltweiten Ausmaßen von den Juden angezettelt worden ist. (...) Als Glieder der deutschen Volksgemeinschaft stehen die unterzeichneten deutschen Evangelischen Landeskirchen und Kirchenleiter in der Front dieses historischen Abwehrkampfes, der u.a. die Reichspolizeiverordnung über die Kennzeichnung der Juden als der geborenen Welt- und Reichsfeinde notwendig gemacht hat, wie schon Dr. Martin Luther nach bitteren Erfahrungen die Forderung erhob, schärfste Maßnahmen gegen die Juden zu ergreifen und sie aus deutschen Landen auszuweisen. Von der Kreuzigung Christi bis zum heutigen Tage haben die Juden das Christentum bekämpft oder zur Erreichung ihrer eigennützigen Ziele mißbraucht oder verfälscht. Durch die christliche Taufe wird an der rassischen Eigenart eines Juden, seiner Volkszugehörigkeit und seinem biologischen Sein nichts geändert. Eine deutsche Evangelische Kirche hat das religiöse Leben deutscher Volksgenossen zu pflegen und zu fördern. Rassejüdische Christen haben in ihr keinen Raum und kein Recht. Die unterzeichneten deutschen Evangelischen Kirchen und Kirchenleiter haben deshalb jegliche Gemeinschaft mit Judenchristen aufgehoben.«[22]

Zu dieser Zeit mußten die jüdischen Bürger und Bürgerinnen bereits den »gelben Stern« tragen, der sie in aller Öffentlichkeit brandmarkte.

Wie hat Bonhoeffer sich damals verhalten? Gehörte auch er zu den Verstummten? Was hat er gemacht?

In den Jahren 1941/42, als Hilfe für jüdische Menschen längst ein todeswürdiges Verbrechen war, beteiligte sich Bonhoeffer am »Unternehmen 7«[23]. Hinter dieser Bezeichnung verbirgt sich der erfolgreiche Versuch, eine Gruppe von zunächst sieben, dann vierzehn Jüdinnen und Juden in die Schweiz zu retten. Hans von Dohnanyi, Bonhoeffers Schwager, hatte im »Amt Ausland/Abwehr« im Oberkommando der Wehrmacht dafür gesorgt, diese Juden als Mitarbeiter der deutschen »Gegenspionage« in der Schweiz auszugeben.

Für Bonhoeffer war die praktische Hilfe für Verfolgte Konsequenz seines Christseins. In seinem Rechenschaftsbericht »Nach zehn Jahren«, der für Hans von Dohnanyi, Hans Oster und die Familie bestimmt war, heißt es dazu:

Wir sind nicht Christus, aber wenn wir Christen sein wollen, so bedeutet das, daß wir an der Weite des Herzens Christi teilbekommen sollen in verantwortlicher Tat, die in Freiheit die Stunde ergreift und sich der Gefahr stellt, und in echtem Mitleiden, das nicht aus der Angst, sondern aus der befreienden und erlösenden

Liebe Christi zu allen Leidenden quillt. Tatenloses Abwarten und stumpfes Zuschauen sind keine christlichen Haltungen. Den Christen rufen nicht erst die Erfahrungen am eigenen Leibe, sondern die Erfahrungen am Leibe der Brüder, um derentwillen Christus gelitten hat, zur Tat und zum Mitleiden.[24]

Für den aus privilegierten Verhältnissen stammenden Bonhoeffer bedeutet Christ-Sein: den »Blick von unten« wagen, der zur Tat und zum Mitleiden führt:

Es bleibt ein Erlebnis von unvergleichlichem Wert, daß wir die großen Ereignisse der Weltgeschichte einmal von unten, aus der Perspektive der Ausgeschalteten, der Beargwöhnten, Schlechtbehandelten, Machtlosen, Unterdrückten und Verhöhnten, kurz der Leidenden sehen gelernt haben.[25]

In der mutigen »Barmer Theologischen Erklärung« von 1934 hat die Bekennende Kirche die Juden nicht erwähnt. Ja, selbst im »Stuttgarter Schuldbekenntnis« von 1945 ist von der Mitschuld der Kirche am Holocaust, an der Shoa, mit keinem Wort die Rede. Bonhoeffer dagegen hat schon 1940, stellvertretend für seine schweigende Kirche, ein Schuldbekenntnis verfaßt. Darin heißt es:

(Die Kirche) war stumm, wo sie hätte schreien müssen, weil das Blut der Unschuldigen zum Himmel schrie. (...) Sie hat es mitangesehen, daß unter dem Deckmantel des Namens Christi Gewalttat und Unrecht geschah. (...) Die Kirche bekennt, die willkürliche Anwendung brutaler Gewalt, das leibliche und seelische Leiden unzähliger Unschuldiger, Unterdrückung, Haß, Mord, gesehen zu haben, ohne ihre Stimme für sie zu erheben, ohne Wege gefunden zu haben, ihnen zur Hilfe zu eilen. Sie ist schuldig geworden am Leben der Schwächsten und Wehrlosesten Brüder Jesu Christi.[26]

Bemerkenswert ist: In diesem Schuldbekenntnis solidarisiert sich Bonhoeffer mit *allen* Jüdinnen und Juden, nicht nur mit den christlich getauften. Und so besteht denn – am Ende dieser ersten Station auf Bonhoeffers Weg in den Widerstand – kein Zweifel an der Feststellung von Eberhard Bethge, »daß die Hauptmotivation für Bonhoeffers Schritt in die aktive politische Verschwörung die Judenbehandlung durch das dritte Reich gewesen ist«[27].

Gegen Verfolger handeln
Vom Pazifismus zum Widerstand

Versetzen wir uns zurück in das Jahr 1929. Bonhoeffer ist 23 Jahre alt. Er ist als Vikar in der deutschen Auslandsgemeinde in der spanischen Stadt Barcelona tätig. Sein besonderes Interesse gilt der Jugendarbeit, er predigt und hält Gemeindevorträge – und dies ist, was der 23jährige in einem Vortrag zum Thema »Krieg und Frieden« am 8. Februar 1929 der christlichen Gemeinde in Barcelona zu sagen hat:

Gott ruft das Volk zur Mannhaftigkeit, zum Kampf und Sieg.
   Gott hat mich (...) meinem Volke gegeben; was ich habe, danke ich diesem Volk; was ich bin, bin ich durch mein Volk; so soll auch, was ich habe, ihm wieder gehören (...)
   (...) die Liebe zu meinem Volk wird den Mord, wird den Krieg heiligen (...)[28]

Uns mag es heute erstaunen, daß Bonhoeffer so angefangen hat; daß auch er sich beteiligt hat an der religiösen Verklärung des Volksgedankens. Und doch spricht Bonhoeffer nur aus, was damals auf vielen evangelischen Kanzeln zu hören war. Es war »ein im damaligen deutschen Protestantismus mehrheitsfähiges Konzept«[29], das wenige Jahre später von den »Deutschen Christen« – den Anhängern Hitlers in der Kirche – zum Fundament ihrer völkisch-nationalen Agitation gemacht wurde – wie die »Richtlinien« vom 6. Mai 1932 zeigen, in denen es heißt: »Wir wollen eine evangelische Kirche, die im Volkstum wurzelt, und lehnen den Geist eines christlichen Weltbürgertums ab. Wir wollen die (...) verderblichen Erscheinungen wie Pazifismus, Internationale, Freimaurertum usw. durch den Glauben an unsere von Gott befohlene völkische Sendung überwinden.«[30]

Bonhoeffer jedoch, der nach dem Vikariat in Barcelona nach Berlin zurückkehrt und an der dortigen Universität Dozent für Systematische Theologie wird – er trennt sich von den Überzeugungen, die er in Barcelona noch vertreten hatte und verändert seine Position. 1932, nur drei Jahre nach jenem Gemeindevortrag, erklärt er auf einem von der »Deutsch-Christlichen-Studenten-Vereinigung« veranstalteten ökumenischen Abend:

Dem Christen ist jeglicher Kriegsdienst, jede Vorbereitung zum Krieg verboten.[31]

Bonhoeffer gibt das völkisch-nationale Mehrheitskonzept preis, er verläßt die bürgerliche Mitte und rückt an den äußeren Rand, denn: Für Kriegsdienstverweigerung und pazifistische Positionen einzutreten, damit konnte man im vor-nationalsozialistischen Deutschland seinen »guten Ruf« verlieren; und später, im Dritten Reich, kostete es den Kopf.

Was ist in diesen wenigen Jahren geschehen? Wie ist es zu dieser Veränderung bei Bonhoeffer gekommen?

Es gibt einen im Jahr 1936 geschriebenen Brief Bonhoeffers, in dem er rückblickend Stellung nimmt zu Ereignissen seines Lebens, vor allem in den Jahren 1930 bis 1932, in denen sich seine Hinwendung zum Pazifismus vollzog.

Ich stürzte mich in die Arbeit in sehr unchristlicher Weise. Ein (...) Ehrgeiz, den manche an mir gemerkt haben, machte mir das Leben schwer. (...) Dann kam etwas anderes, etwas, was mein Leben bis heute verändert und herumgeworfen hat. Ich kam zum ersten Mal zur Bibel. (...) Ich hatte schon oft gepredigt, ich hatte schon viel von der Kirche gesehen, darüber geredet und geschrieben – und ich war noch kein Christ geworden. (...) Ich weiß, ich habe damals aus der Sache Jesu Christi einen Vorteil für mich selbst (...) gemacht. Ich bitte Gott, daß das nie wieder so kommt. Ich hatte auch nie, oder doch sehr wenig gebetet. Ich war bei aller Verlassenheit ganz froh an mir selbst. Daraus hat mich die Bibel befreit und insbesondere die Bergpredigt. Seitdem ist alles anders geworden. (...) Der christliche Pazifismus, den ich noch kurz vorher (...) leidenschaftlich bekämpft hatte, ging mir auf einmal als Selbstverständlichkeit auf.[32]

Die Entdeckung der Bergpredigt hatte sich in den Jahren 1930/31 angebahnt, als Bonhoeffer zu einem Studienaufenthalt in Nordamerika weilte. Hier hatte er den französischen Pfarrer Jean Lasserre kennengelernt, der davon sprach, daß das Friedensgebot Christi den Gehorsam der Christen verlange; diese Begegnung hat Bonhoeffer geprägt (noch im Gefängnis von Tegel wird er sich an den französischen Freund erinnern). Und so beginnt nach der Rückkehr aus Amerika Bonhoeffers ökumenische Tätigkeit. Er übernimmt das Amt eines Jugendsekretärs des »Weltbundes für Freundschaftsarbeit der Kirchen«. Daß Bonhoeffer in ökumenischem Geist Brücken zwischen verfeindeten Völkern zu bauen versucht, stößt bei führenden lutherischen Theologen auf entschiedenen Widerspruch. Unter dem Jubel der nationalen Presse erklären die Theologieprofessoren Paul Althaus (Erlangen) und Emanuel Hirsch (Göttingen): »In dieser Lage gibt es nach unserem Urteil zwischen uns Deutschen und den im Weltkriege siegreichen Nationen keine andere Verständigung, als ihnen zu bezeugen, daß während ihres fortgesetzten Krieges wider uns eine Verständigung nicht möglich ist.«[33]

Anders als diese »völkisch« gesonnenen Theologen, die Pazifismus als »Westlertum« diffamieren, tritt Bonhoeffer für Völkerverständigung und eine Ächtung des Krieges ein. In seiner Eigenschaft als Jugendsekretär des »Weltbundes für Freundschaftsarbeit der Kirchen« hält er im Juli 1932 auf der Jugendfriedenskonferenz von Cernohorske Kupele, Tschechoslowakei, eine Ansprache:

Es ist nun aber ein heute sehr verbreiteter, äußerst gefährlicher Irrtum, zu meinen, in der Rechtfertigung des Kampfes sei bereits die Rechtfertigung des Krieges, sei das grundsätzliche Ja zum Kriege enthalten. (...) Wer sich einmal ernsthaft in die Geschichte des Begriffs des Krieges (...) vertieft hat, der weiß, daß das Wort wohl geblieben ist, daß aber die Sache etwas schlechthin anderes geworden ist. Unser heutiger Krieg fällt darum nicht mehr unter den Begriff Kampf, weil er die sichere Selbstvernichtung beider Kämpfender ist. (...) Die Kraft der Vernichtung erstreckt sich ebenso auf den inneren wie den äußeren Menschen. Der heutige Krieg vernichtet Seele und Leib. Weil wir aber den Krieg keinesfalls als Erhaltungsordnung Gottes und somit als Gebot Gottes verstehen können, und weil der Krieg anderseits der Idealisierung und Vergötzung bedarf, um leben zu können, darum muß der heutige Krieg, also der nächste Krieg, der Ächtung *durch die Kirche verfallen. (...) Wir sollen uns hier auch nicht vor dem Wort Pazifismus scheuen.*[34]

Die Zeichen bevorstehender Kriegsgefahr nehmen zu. Im Juni 1934 werden in Deutschland im Zusammenhang der sogenannten »Röhm-Revolte« 207 Menschen ermordet; nach dem Tod von Hindenburg hatte Hitler das Amt des Reichspräsidenten und des Reichskanzlers auf sich vereinigt, der Austritt Deutschlands aus dem »Völkerbund« war vollzogen, die deutsche Wiederaufrüstung in vollem Gang – dies alles vor dem Hintergrund einer Überzeugung, die von allen Mitgliedern der Bonhoeffer-Familie seit 1933 geteilt wurde: *Hitler bedeutet Krieg.*

Bonhoeffer bereitete sich in diesen Wochen auf die Teilnahme an einer ökumenischen Konferenz vor, die im August 1934 auf der dänischen Insel Fanö stattfand. Am Morgen des 28. August 1934 hielt Bonhoeffer dort die Andacht, die unter dem Namen »Friedenspredigt« weltweit bekannt wurde. Einer der damaligen Zuhörer berichtete von diesem Morgen: »Vom ersten Augenblick an lag eine atemlose Spannung über der Versammlung.«[35]

(Die Christen) können nicht die Waffen gegeneinander richten, weil sie wissen, daß sie damit die Waffen auf Christus selbst richteten. Es gibt für sie in aller Angst und Bedrängnis des Gewissens keine Ausflucht vor dem Gebot Christi, daß Friede sein soll. Wie wird Friede? Durch ein System von politischen Verträgen? Durch Investierung internationalen Kapitals in den verschiedenen Ländern? d.h. durch die Großbanken, durch das Geld? Oder gar durch eine allseitige friedliche Aufrüstung zum Zweck der Sicherstellung des Friedens? Nein, durch dieses al-

les aus dem einen Grunde nicht, weil hier überall Friede und Sicherheit *verwechselt wird. Es gibt keinen Frieden auf dem Weg der Sicherheit. Denn Friede muß gewagt werden, ist das eine große Wagnis, und läßt sich nie und nimmer sichern. Friede ist das Gegenteil von Sicherung. Sicherheiten fordern heißt Mißtrauen haben, und dieses Mißtrauen gebiert wiederum Krieg. (...) Noch einmal darum: Wie wird Friede? Wer ruft zum Frieden, daß die Welt es hört, zu hören gezwungen wird?, daß alle Völker darüber froh werden müssen? Der einzelne Christ kann das nicht – er kann wohl, wo alle schweigen, die Stimme erheben und Zeugnis ablegen, aber die Mächte der Welt können wortlos über ihn hinwegschreiten. Die einzelne Kirche kann auch wohl zeugen und leiden – ach, wenn sie es nur täte –, aber auch sie wird erdrückt von der Gewalt des Hasses. Nur das eine große ökumenische Konzil der Heiligen Kirche Christi aus aller Welt kann es so sagen, daß die Welt zähneknirschend das Wort vom Frieden vernehmen muß und daß die Völker froh werden, weil diese Kirche Christi ihren Söhnen im Namen Christi die Waffen aus der Hand nimmt und ihnen den Krieg verbietet und den Frieden Christi ausruft über die rasende Welt. Warum fürchten wir das Wutgeheul der Weltmächte? Warum rauben wir ihnen nicht die Macht und geben sie Christus zurück? Wir können es heute noch tun. Das ökumenische Konzil ist versammelt, es kann diesen radikalen Ruf zum Frieden an die Christusgläubigen ausgehen lassen. Die Völker warten darauf im Osten und Westen. Müssen wir uns von den Heiden im Osten beschämen lassen? Sollen wir die einzelnen, die ihr Leben an diese Botschaft wagen, allein lassen? Die Stunde eilt – die Welt starrt in Waffen und furchtbar schaut das Mißtrauen aus allen Augen, die Kriegsfanfare kann morgen geblasen werden – worauf warten wir noch? Wollen wir selbst mitschuldig werden, wie nie zuvor? M. Claudius:* »Was nützt mir Kron und Land und Volk und Ehr, die können mich nicht freun – 's ist leider Krieg im Land und ich begehr, nicht schuld daran zu sein.«
Wir wollen reden zu dieser Welt, kein halbes, sondern ein ganzes Wort, ein mutiges Wort, ein christliches Wort. Wir wollen beten,

daß uns dieses Wort gegeben werde – heute noch – wer weiß, ob wir uns im nächsten Jahr noch wiederfinden?[36]

Bonhoeffer ist beschämt, daß die Bergpredigt »von den Heiden im Osten« – er denkt dabei vor allem an Mahatma Gandhi – ernster genommen wird als von vielen Kirchenmitgliedern in Europa. So verwundert es auch nicht, daß er viele Jahre den Plan hatte, nach Indien zu reisen und Gandhi zu besuchen, um im Blick auf Formen gemeinschaftlichen Lebens und gewaltfreien Widerstands von ihm zu lernen.

Vor einem Jahr mit Lasserre in Mexiko! Ich kann das kaum denken, ohne daß es mich wie irrsinnig wieder herauszieht, diesmal nach dem Osten. Ich weiß noch nicht wann. Aber sehr lange darf es nicht mehr dauern. Es muß noch andere Menschen auf der Erde geben, solche, die mehr wissen und können als wir. Und es ist einfach banausenhaft, dann nicht auch dorthin lernen zu gehen.[37]

Eine noch 1934 erfolgte persönliche Einladung Gandhis nimmt Bonhoeffer nur deswegen nicht an, weil er sich inzwischen entschieden hatte, für die illegale Theologenausbildung der Bekennenden Kirche – als Direktor des Predigerseminars in Finkenwalde – tätig zu werden.

Ist es denkbar, es könnte ohne Folgen bleiben, so zu predigen, wie Bonhoeffer in Fanö gepredigt hat?

Zwei Reaktionen sollen hervorgehoben werden. Zum einen: Bonhoeffer hatte zur Vorbereitung auf Fanö dem Ökumenischen Rat in Genf auch Thesen für seinen Vortrag »Die Kirche und die Welt der Nationen« eingereicht. Dazu äußert sich der Leiter der Forschungsabteilung des Ökumenischen Rates, Hans Schönfeld, in einem Brief an einen Kollegen wie folgt: »Ich (...) muß sagen, daß ich ziemlich entsetzt bin (...) über das, was Herr Bonhoeffer hier vorlegt mit seiner engen Begrenzung auf das Kriegsproblem.« Schönfeld hält etwas anderes für wichtiger: »eine grundsätzliche theologische Durchdringung des Rasseproblems«. Er war – im Gegensatz zu Bonhoeffer – überzeugt: »Wie kaum auf einem anderen Gebiet werden hier die anderen (sc. von Deutschland) lernen müssen.«[38]

Zum anderen haben Bonhoeffers kirchliche Gegner in Deutschland ihm die »Friedenspredigt« von Fanö niemals verziehen. Zwei Jahre nach dieser Morgenandacht erhebt Bischof Heckel, der Leiter des »Kirchlichen Außenamtes«, gegenüber Bonhoeffer den Vorwurf, »daß er Pazifist und Staatsfeind ist«; er empfiehlt, Maßnahmen zu ergreifen, »daß nicht länger deutsche Theologen von ihm erzogen werden.«[39] Und so wird Bonhoeffer die Lehrbefugnis an der Berliner Universität entzogen.

In Fanö hatte Bonhoeffer erklärt: Es ist dem Christen verboten, Kriegsdienst zu leisten. Wie aber verhält er sich selbst, als im Rahmen der allgemeinen Wehrpflicht auch für ihn mit dem Musterungsbefehl zu rechnen ist? Sollte er sich wie Hermann Stöhr aus Stettin entscheiden?[40] Dieser hatte verweigert und wurde dafür zum Tode verurteilt und hingerichtet. Würde seine Kirche, die Bekennende Kirche, zu ihm stehen, falls auch er sich gegen den Militärdienst entschied? Was also war zu tun?

Zunächst ergreift Bonhoeffer rechtzeitig die Initiative und schreibt im März 1939 an George Bell, den Bischof von Chichester in England, mit dem er befreundet ist, folgenden Brief:

Ich plane, Deutschland irgendwann zu verlassen. Der Hauptgrund dafür ist die allgemeine Wehrpflicht, zu der Männer meines Jahrgangs (1906) in diesem Jahr einberufen werden. Es scheint mir mit meinem Gewissen unvereinbar, an einem Krieg unter den gegebenen Umständen teilzunehmen. Andererseits hat die Bekennende Kirche als solche in dieser Hinsicht keine bestimmte Haltung eingenommen und kann es wahrscheinlich auch nicht tun, so wie die Dinge nun einmal liegen. So würde ich meinen Brüdern einen ungeheuren Schaden zufügen, wenn ich an diesem Punkt Widerstand leistete, was von dem Regime als typisch für die Feindseligkeit unserer Kirche gegen unseren Staat angesehen werden würde. Vielleicht das Schlimmste von allem ist der militärische Eid, den ich schwören müßte. So bin ich ziemlich ratlos in dieser Angelegenheit, vielleicht sogar ganz besonders deshalb, weil ich fühle, daß ich es wirklich nur aus christlichen Gründen schwierig finde, unter den gegenwärtigen Bedingungen Militärdienst zu leisten, und dennoch gibt es nur sehr wenige Freunde, die meine Haltung billigen würden. Obwohl ich sehr viel gelesen und darüber nachgedacht habe, bin ich noch zu keinem Entschluß darüber gekommen, was ich unter anderen Umständen tun würde. Aber so wie die Dinge liegen, würde ich meiner christlichen Überzeugung Gewalt antun müssen, wenn ich »jetzt und hier« die Waffen ergreifen sollte.[41]

Der Plan, Deutschland zu verlassen, nimmt Gestalt an. Bonhoeffer erhält eine Einladung, an Universitäten in den USA Vorlesungen zu halten. Er nimmt an. Am 2. Juni 1939 verläßt er Berlin; in London trifft er seine Zwillingsschwester Sabine und den Schwager Gerhard Leibholz. Von Southampton aus überquert er den Atlantik mit dem Schnelldampfer »Bremen«. Welch ein Privileg, daß er fort kann.

Gewiß, ein Privileg. Professor Karl Bonhoeffer, der Vater, hatte beim Wehrmeldeamt interveniert; der Musterungsbefehl war zurückgezogen worden. Bonhoeffer erhielt eine offizielle Unbedenklichkeitsbescheinigung, die zu Auslandsreisen berechtigt – gültig für ein Jahr. Und so nimmt er die ihm offenstehende Möglichkeit in Anspruch und verläßt das Hitlerreich – aber, wen verläßt er noch? Die jungen Vikare, die er in Finkenwalde ausgebildet hatte – Kurs für Kurs. Sie müssen bleiben, er geht. Bonhoeffers Flucht.

Was Bonhoeffer in diesen Wochen bewegt, wie seine Unruhe wächst, das können wir seinem Tagebuch entnehmen:

13. Juni 1939 (...) Bei allem fehlt nur Deutschland, die Brüder. (...) Ich begreife nicht, warum ich hier bin, ob es sinnvoll war, ob das Ergebnis sich lohnen wird. (...) 15. Juni 1939 (...) Die ganze Wucht der Selbstvorwürfe wegen einer Fehlentscheidung kommt wieder auf und erdrückt einen fast. Ich war sehr verzweifelt.[42]

Bonhoeffer fragt sich: Wo gehöre ich hin? Werde ich in Amerika gebraucht, oder brauchen sie mich in Deutschland? Wo ist mein Platz? Für den 24. Juni 1939 enthält das »Herrnhuter Losungsbuch« einen Spruch des Propheten Jesaja (Jesaja 28,16): »Wer glaubt, der flieht nicht«[43] – und dann ist die Entscheidung da:

Ich bin zu dem Schluß gekommen, daß ich einen Fehler gemacht habe, indem ich nach Amerika kam. Ich muß diese schwierige Periode unserer nationalen Geschichte mit den Christen Deutschlands durchleben. Ich werde kein Recht haben, an der Wiederherstellung des christlichen Lebens nach dem Kriege in Deutschland mitzuwirken, wenn ich nicht die Prüfungen dieser Zeit mit meinem Volke teile. Meine Brüder von der Synode der Bekennenden Kirche bestimmten mich, fortzugehen. Es mag sein, daß sie recht hatten, als sie mich dazu drängten; aber es war falsch von mir, fortzugehen. Eine derartige Entscheidung muß jeder für sich selbst treffen. Die Christen in Deutschland stehen vor der fürchterlichen Alternative, entweder in die Niederlage ihrer Nation einzuwilligen, damit die christliche Zivilisation weiterleben könne, oder in den Sieg und dabei unsere Zivilisation zu zerstören. Ich weiß, welche dieser Alternativen ich zu wählen habe; aber ich kann diese Wahl nicht treffen, während ich in Sicherheit bin.[44]

In der Nacht vom 7. auf den 8. Juli 1939 verläßt das Schiff den New Yorker Hafen. Zurück nach Deutschland, »dem Krieg entgegen«.[45]

Seit ich auf dem Schiff bin, hat die innere Entzweiung über die Zukunft aufgehört. Ich kann ohne Vorwürfe an die abgekürzte Zeit in Amerika denken. – Losung: »Ich danke dir, daß du mich gedemütigt hast und lehrst mich deine Rechte« (Psalm 119,71). Aus meinem liebsten Psalm eins der mir liebsten Worte.[46]

Gemeinsames Leben und Nachfolge

Dem Terror des Hitler-Regimes entkommen, gerettet. Und dann, sehenden Auges, die Rückkehr. Woher kam die Kraft zu dieser lebenswendenden Entscheidung?

Bei der Darstellung des Lebensweges von Dietrich Bonhoeffer wurde bisher eine wichtige Periode ausgelassen, auf die jetzt zurückzukommen ist.

Dietrich Bonhoeffer gehörte zu den entschiedenen Anhängern der »Bekennenden Kirche«, die sich mit der »Barmer Theologischen Erklärung« 1934 von den »Deutschen Christen« – den Gefolgsleuten der nationalsozialistischen Weltanschauung in der Kirche – getrennt hatte. Da der Bruch mit der »Reichskirche« des »Reichsbischofs« auch organisatorisch vollzogen war, richtete die Bekennende Kirche eigene Ausbildungsstätten für ihre Vikare ein. 1935 wird Bonhoeffer Direktor des »illegalen«, d.h. von der »Reichskirche« nicht anerkannten Predigerseminars von Finkenwalde bei Stettin. Seine Aufgabe bestand darin, Theologiestudenten, die das Erste Examen bestanden hatten, auf die praktische Arbeit des Pfarramts vorzubereiten. Nach einem Semester kam dann der nächste Kurs.

In Finkenwalde realisiert Bonhoeffer etwas in der Geschichte des Protestantismus ganz und gar nicht Selbstverständliches. Bonhoeffer verwirklicht mit den ihm anvertrauten Kandidaten das »Gemeinsame Leben«. Es gibt einen »festen« Tagesablauf mit Gebet, Meditation und freier persönlicher Beichte. »Gemeinsames Leben« – so lautet auch der Titel seines meistgelesenen Buches.[47]

Jeder neue Morgen ist ein neuer Anfang unseres Lebens. Jeder Tag ist ein abgeschlossenes Ganzes. (...) Er ist lang genug, um Gott zu finden oder ihn zu verlieren (...). Beim Erwachen vertrei-

ben wir die finsteren Gestalten der Nacht und die wirren Träume, indem wir alsbald den Morgensegen sprechen und uns für diesen Tag dem dreieinigen Gott befehlen. (...) Die Stille des ersten Morgen hat Gott für sich selbst bereitet. Ihm soll sie gehören. Vor das tägliche Brot gehört das tägliche Wort (...) Vor die tägliche Arbeit das morgendliche Gebet.[48]

Bonhoeffer richtet in Finkenwalde ein »Bruderhaus« ein; seiner Kirche gegenüber begründet er sein Vorhaben:

Um in den gegenwärtigen und kommenden kirchlichen Kämpfen das Wort Gottes zur Entscheidung und zur Scheidung der Geister zu predigen, um in jeder neu erwachsenen Notlage sofort zum Dienst der Verkündigung bereit zu sein, bedarf es einer Gruppe völlig freier, einsatzbereiter Pastoren. Sie müssen bereit sein, unter allen äußeren Umständen, unter Verzicht auf alle finanziellen und sonstigen Privilegien des Pfarrerstandes zur Stelle zu sein, wo der Dienst gefordert wird. Indem sie aus einer Bruderschaft herkommen und immer wieder in sie zurückkehren, finden sie dort die Heimat und die Gemeinschaft, die sie für ihren Dienst brauchen. Nicht klösterliche Abgeschiedenheit, sondern innerste Konzentration für den Dienst nach außen ist das Ziel.[49]

Und der Weg zu diesem Ziel? Wie sah er aus? In einem Brief an den Bruder Karl-Friedrich vom 14.1.1935 heißt es dazu:

(...) Ich glaube nun endlich zu wissen, wenigstens einmal auf die richtige Spur gekommen zu sein – zum ersten Mal in meinem Leben. Und das macht mich oft sehr glücklich. Ich habe nur immer Angst davor, daß ich aus lauter Angst vor der Meinung anderer Menschen nicht weiter gehe, sondern stecken bleibe. Ich glaube zu wissen, daß ich eigentlich erst innerlich klar und wirklich aufrichtig sein würde, wenn ich mit der Bergpredigt wirklich anfinge, Ernst zu machen. Hier sitzt die einzige Kraftquelle, die den ganzen Zauber und Spuk einmal in die Luft sprengen kann, bis von dem Feuerwerk nur ein paar ausgebrannte

Reste übrig bleiben. (...) Es gibt doch nun einmal Dinge, für die es sich lohnt, kompromißlos einzutreten. Und mir scheint, der Friede und die soziale Gerechtigkeit, oder eigentlich Christus, sei so etwas.[50]

Und so nimmt Bonhoeffer das Thema in Angriff, das ihn seit Jahren fesselt – das Thema »Nachfolge«. Sein 1937 unter diesem Titel erschienenes Buch[51] – eine radikale Kritik des Luthertums – setzt mit der Erkenntnis ein, daß »Glaube« zu einem Glauben ohne Folgen und daß »Gnade« zur »Vorratskammer der Kirche« geworden ist, »aus der mit leichtfertigen Händen bedenkenlos und grenzenlos ausgeschüttet wird«.

Billige Gnade ist der Todfeind unserer Kirche. Unser Kampf heute geht um die teure Gnade. (...) Billige Gnade heißt Gnade als Lehre, als Prinzip, als System; heißt Sündenvergebung als allgemeine Wahrheit (...). Billige Gnade heißt Rechtfertigung der Sünde und nicht des Sünders. Weil Gnade doch alles allein tut, darum kann alles beim alten bleiben. (...) Billige Gnade ist Gnade ohne Nachfolge, Gnade ohne Kreuz, Gnade ohne den lebendigen, menschgewordenen Jesus Christus.[52]

Wie ist es zu diesem Mißverständnis Luthers, zu diesem »Mißbrauch der Reformation« (Eberhard Bethge) gekommen?

Wenn Luther von der Gnade sprach, so meinte er sein eigenes Leben immer mit (...). Daß die Gnade allein es tut, hatte Luther gesagt, und wörtlich so wiederholen es seine Schüler, mit dem einzigen Unterschied, daß sie sehr bald das ausließen und nicht mitdachten und sagten, was Luther immer selbstverständlich mitgedacht hatte, nämlich die Nachfolge (...).[53]

Bonhoeffer erkennt in den Jahren des Kirchenkampfes, daß das Luthertum historisch versagt hat, weil es auseinanderreißt, was für Luther theologisch zusammengehörte: »Rechtfertigung« *und* »Nachfolge«, »Glaube« *und* »Tun«. Vor diesem Hintergrund vollzieht sich seine Neuentdeckung:

Teure Gnade ist (...) der Ruf Jesu Christi, auf den hin der Jünger seine Netze verläßt und nachfolgt. (...) Teuer ist die Gnade, weil sie die Menschen unter das Joch der Nachfolge Jesu Christi zwingt, Gnade ist es, daß Jesus sagt: »Mein Joch ist sanft und meine Last ist leicht«.[54]

Der erste Schritt ist der des »*Gehorsams*« gegenüber dem Gebot Christi; erst wenn dieser Schritt, den wir tun können, getan ist, sind wir in die *neue Situation* versetzt, in der der »*Glaube*« seine Kraft entfalten kann. »Nachfolge« bedeutet für Bonhoeffer gerade »nicht Rettung der eigenen Seele aus dem Zustand dieser Welt heraus, sondern wesentlich ›Protest‹, Widerspruch gegen diesen Zustand der Welt (...)«.[55] Und warum dies alles?

Das Leben Jesu Christi ist auf dieser Erde noch nicht zu Ende gebracht. Christus lebt es weiter in dem Leben seiner Nachfolger.[56]

Albrecht Schönherr, der als Bischof viele Jahre Leitungsverantwortung im Bund der Evangelischen Kirchen in der Deutschen Demokratischen Republik hatte, gehört zu den ältesten Schülern Dietrich Bonhoeffers; er hat das »Gemeinsame Leben« in Finkenwalde selbst erlebt und erinnert sich:

> Es muß im Jahre 1932 in Berlin gewesen sein, da sagte mir ein Studienfreund: »Da ist ein Privatdozent, den müssen Sie hören«. Und wirklich: Ich war sogleich angetan von diesem jungen Mann. Er war nur fünfeinhalb Jahre älter als ich. Was zog mich bei ihm so an? Da war einer, der das, was er sagte, mit seiner ganzen Person deckte, ein Mensch von einer Einheitlichkeit, wie man ihn damals und auch heute nur ganz selten antrifft. Es ging ihm um die Frage, wie man als Christ lebt. Wir Studenten haben das für ein paar Tage in der Jugendherberge Prebelow im Norden der Mark Brandenburg mit ihm zusammen ausprobiert. Zum christlichen Leben gehörten für Dietrich Bonhoeffer selbstverständlich Gespräch,

Freizeit in Prebelow. D. Bonhoeffer mit seinen Berliner Studenten und Studentinnen, 1932 (2. v.l. Albrecht Schönherr).

Singen, Spiel, Schwimmen und Wandern. Aber durch die Bibel soll Gott das erste und letzte Wort in unserm Leben haben. Wie das Wort Gottes in die Tat umgesetzt werden will, mußte bald darauf – nach Hitlers Machtübernahme 1933 – im Ernstfall praktiziert werden.

Ein Leben unter Gottes Wort – das sieht für manche nach Weltferne, nach mönchischer Askese oder sogar nach Lebensfeindlichkeit aus. Spätestens, nachdem wir Dietrichs »Brautbriefe« lesen konnten, hat sich gezeigt, daß das ganz falsch ist.

Wie sah Bonhoeffer aus? Er hatte eine große, stattliche Figur. Er war keineswegs rundlich, wie das auf manchen schlechten Fotos scheinen mag. Seine Stimme war nicht sehr klangvoll: Menschen zu betören, war sie nicht geeignet. Und das war ihm ganz recht. Die Worte gingen ihm nicht mühelos vom Munde; er war kein routinierter Redner, der aus dem Stand eine glänzende Rhetorik entfalten konnte. Aber wir spürten ihm den Ernst der Wahrheit an. Das hinderte ihn aber nicht, locker zu sein – bis in seine Kleidung: Nach englischer Sitte hatten seine Hosen keine Bügelfalten. Er war ein guter Sportler, im Tischtennis hat ihn m.W. nur ein einziger von uns schlagen können. Das schätzte er aber gar nicht. Beim Handball rannte er uns allen davon. Noch aus dem Gefängnis wünscht er seinem Patenkind Dietrich Bethge: »Wenn er schon von körperlichen Vorzügen etwas von mir mitbekommen sollte, so kann ich ihm eigentlich nur meine Zahn- und Kopfwehlosigkeit, meine Wadenmuskeln und meinen empfindlichen Gaumen (der allerdings schon eine zweischneidige Mitgift ist) wünschen.« Gern fuhr er Auto, er liebte den mit rotem Leder gepolsterten Opel, den ihm ein Freund zur Verfügung gestellt hatte. Was die »zweischneidige Mitgift« anbetrifft: Einer seiner ehemaligen Kandidaten hat ihn in Zeiten, als es schon knapp wurde, zum Spargelessen auf seine Landpfarre eingeladen. Bonhoeffer habe auf die Kartoffeln ganz verzichtet, berichtet er.

Nein, Bonhoeffer war kein Asket. Er liebte das Leben in seiner ganzen Fülle. Er meinte, der cantus firmus, die Liebe zu Gott, muß stimmen, dann kann der Kontrapunkt sich so gewaltig entfalten, wie nur irgend möglich. Weil der cantus firmus und darum die ganze Symphonie des Lebens bei ihm stimmten, hatte er eine so unangefochtene Autorität bei uns. Von moralischen Ermahnungen hielt er nichts. Er hatte andere Methoden. Gleich zu Beginn des Predigerseminars geschah es: Auf die Bitte der Hauseltern, man möchte doch beim Abwaschen helfen, meldete sich niemand. Darauf erhob sich Dietrich stillschweigend und ging in die Küche. Als wir beschämt folgen wollten, war die Tür verschlossen. Das reichte ein für allemal.

Bonhoeffer war ein Mann klarer Entscheidungen. Das Jahr 1933 war voll von Illusionen und Selbsttäuschungen. In den ersten Monaten ging das Gerücht um, Martin Niemöller spiele mit dem Gedanken, der Nazi-Kirchenpartei der »Deutschen Christen« beizutreten. Er habe vor, »den Laden von innen aufzurollen«. Bonhoeffer zog mit einigen seiner Studenten zu ihm hin und präsentierte ihm folgendes Gleichnis: »Wenn ich in den falschen Zug einsteige, nützt es nichts, wenn ich im Gang gegen die Fahrtrichtung laufe. Ich komme immer am falschen Ort an.«

Das Predigerseminar war für mich wohl die entscheidendste Zeit meines Lebens. Dort probten wir ein Leben unter dem Worte Gottes. Bonhoeffer hat es später beschrieben, als die Gestapo ihm verbot, es in der Gemeinschaft der jungen Brüder der Bekennenden Kirche zu praktizieren. Das Buch vom »Gemeinsamen Leben« ist sein meistgelesenes Werk. Daß das gemeinsame Leben gelang, hatten wir wahrscheinlich nicht zum geringsten der »Finkenwalder Regel« zu verdanken: über niemand zu reden, der abwesend war. Wie müßte es in unseren Gemeinden und Gruppen aussehen, wenn wir diese Regel überall gelten lassen würden!

Albrecht Schönherr

Die Beteiligung an der Verschwörung

Widerstand im Dritten Reich – das hieß unter anderem: in allen Dingen, auch den alltäglichen, auf der Hut sein. Eine historische Momentaufnahme aus Eberhard Bethges Bonhoeffer-Biographie kann das verdeutlichen:

> Es war am 17. Juni 1940 in Memel. Vormittags hatte Bonhoeffer (...) auf einer spärlich besuchten Pfarrkonferenz gesprochen. Am Abend sollte ein Bekenntnisgottesdienst stattfinden. An diesem Nachmittag saß Bonhoeffer mit mir in einem Kaffeegarten auf der Nehrungsspitze gegenüber der Stadt. Wir waren mit der Fähre an U-Boot-Mutterschiffen und Minensuchbooten vorbeigekommen. Stalin hatte am Tag zuvor den baltischen Staaten ein Ultimatum gestellt, aber die Aufmerksamkeit der Welt konzentrierte sich auf Hitlers Siege in Frankreich. Während wir die Sonne genossen, dröhnte plötzlich aus den Lautsprechern des Lokals das Fanfarensignal für eine Sondermeldung: Frankreich hat kapituliert, hieß die Botschaft. Die Leute ringsum an den Tischen wußten sich kaum zu fassen; sie sprangen auf, einige stiegen sogar auf die Stühle. Mit vorgestrecktem Arm sangen sie »Deutschland, Deutschland über alles« und »Die Fahne hoch«. Auch wir waren aufgestanden. Bonhoeffer hob den Arm zum vorgeschriebenen Hitlergruß, während ich wie benommen danebenstand. »Nimm den Arm hoch! Bist du verrückt?« flüsterte er mir zu, und hinterher: »Wir werden uns jetzt für ganz andere Dinge gefährden müssen, aber nicht für diesen Salut!«[57]

Zum Zeitpunkt der größten militärischen Erfolge Hitlers wird Bonhoeffer vom »Mitwisser« der Verschwörung zum »Mittäter«. Hans von Dohnanyi – an zentraler Stelle im »Amt Ausland/Abwehr« im Oberkommando der Wehrmacht tätig – gewinnt seinen Schwager für die Mitarbeit. Bonhoeffers vielfältige Auslandsbeziehungen sollen nun genutzt werden, um Kontakte zwischen dem deutschen militärischen Widerstand und den Westmächten herzustellen. Bonhoeffer wird »Verbindungsmann« der Abwehr, eine Stellung, die ihn vom Wehrdienst freistellt. In dieser Funktion unternimmt er konspirative Reisen ins Ausland: in die Schweiz, nach Norwegen und nach Schweden. In Schweden trifft er sich mit dem englischen Bischof George Bell und nennt ihm die Namen derer, die den Sturz des Hitler-Regimes planen und als Mitglieder einer neuen deutschen Regierung nach dessen Tod vorgesehen sind. Bonhoeffer bittet den Bischof, das britische Außenministerium wissen zu lassen, die Westmächte möchten den Augenblick des Putsches »nicht zum Zuschlagen« benutzen. Eine neue deutsche Regierung würde Zeit benötigen, das Heft in die Hand zu bekommen. Bischof Bell erhält seitens der englischen Regierung eine negative Antwort:

»(...) die Widerstandsbewegung in Deutschland (...) hat bis jetzt noch wenig Beweise gegeben, daß sie überhaupt existiert, und bis diese Leute zeigen, daß sie bereit sind, (...) sich Gefahren auszusetzen und aktive Schritte zu tun, um die Nazischreckensherrschaft zu stürzen, sehe ich nicht, was es fruchten würde, die Aussagen über Deutschland, welche die Mitglieder der Regierung schon gemacht haben, zu erweitern.«[58]

Der Spielraum des Möglichen wird eng. Die Ausbildung der jungen Theologen der Bekennenden Kirche, die Bonhoeffer in sogenannten »Sammelvikariaten« noch eine Zeitlang fortsetzen kann, wird im März 1940 von der Geheimen Staatspolizei untersagt; wenig später wird über Bonhoeffer wegen »volkszersetzender Tätigkeit« ein »Reichsredeverbot« verhängt. Aber in diesem Augenblick erreicht ihn auch der Auftrag seiner Kirche, die Arbeit an seiner »Ethik« fortzusetzen. In der »Ethik« reflektiert Bonhoeffer seine Situation als Christ, der an der Verschwörung beteiligt ist; mit Nachdruck betont er:

Es geht aus dem Gesagten hervor, daß zur Struktur verantwortlichen Handelns die Bereitschaft zur Schuldübernahme *und* die Freiheit gehört.[59]

Zur Jahreswende 1942 schreibt er – für die Mitverschwörer (Hans von Dohnanyi und Hans Oster) und die Familie – einen »Rechenschaftsbericht«.[60] Unter der Überschrift »Nach zehn Jahren« faßt er zusammen, was sich in den zehn Jahren der Hitlerherrschaft seit 1933 als gemeinsame Erkenntnis aufgedrängt hat. Zu den bestimmenden Erfahrungen gehört das *Chaos der ethischen Begriffe in Deutschland*[61] (»Arbeit macht frei« stand auf dem Tor von Auschwitz; »Meine Ehre heißt Treue« lautete die Parole der SS) – ein Chaos, das dadurch zustande kam, daß es der nationalsozialistischen Weltanschauung gelang, die ethischen Begriffe von »Vernunft«, »Gewissen», »Pflicht«, »Freiheit« und »Tugendhaftigkeit« in ihren Dienst zu stellen und sie dadurch in ihr Gegenteil zu verkehren:

Die große Maskerade des Bösen hat alle ethischen Begriffe durcheinander gewirbelt. Daß das Böse in der Gestalt des Lichts, der Wohltat, des geschichtlich Notwendigen, des sozial Gerechten erscheint, ist für den aus unserer tradierten ethischen Begriffswelt Kommenden schlechthin verwirrend; für den Christen, der aus der Bibel lebt, ist es gerade die Bestätigung der abgründigen Bosheit des Bösen. Offenkundig ist das Versagen der »Vernünftigen«, *die in bester Absicht und naiver Verkennung der Wirklichkeit das aus den Fugen gegangene Gebälk mit etwas Vernunft wieder zusammenbiegen zu können meinen. (...) Einsam erwehrt sich der Mann des* Gewissens *der Übermacht der Entscheidung fordernden Zwangslagen. (...) Die unzähligen ehrbaren und verführerischen Verkleidungen, in denen das Böse sich ihm nähert, machen sein Gewissen ängstlich und unsicher, bis er sich schließlich damit begnügt, statt eines guten ein salviertes Gewissen zu haben (...). Aus der verwirrenden Fülle der möglichen Entscheidungen scheint der sichere Weg der* Pflicht *herauszuführen. Hier wird das Befohlene als das Gewisseste ergriffen, die Verantwortung für den Befehl trägt der Befehlshaber, nicht der Ausführen-*

de. In der Beschränkung auf das Pflichtgemäße aber kommt es niemals zu dem Wagnis der auf eigenste Verantwortung hin geschehenden Tat, die allein das Böse im Zentrum zu treffen und zu überwinden vermag. Der Mann der Pflicht wird schließlich auch noch dem Teufel gegenüber seine Pflicht erfüllen müssen.[62]

Die »große Maskerade des Bösen« entsteht nicht durch Mangel an Pflichtbewußtsein, nicht durch Pflichtlosigkeit oder Pflichtvergessenheit kommt sie zustande, sondern es ist das umgehende, sofortige, gleichsam besinnungslose Ausführen des Befohlenen, welches das Böse entstehen läßt. Der »Mann der Pflicht« begegnet uns nicht nur in den Kommandanten der Konzentrationslager und ihren Stellvertretern, auch die Wachmannschaften, die Lagerärzte, die für die Verwaltung und den Innendienst Zuständigen gehören dazu: sie alle haben nur ihre Aufgaben erfüllt, sie alle haben nur gehorsam ihre Pflicht getan. *Weil* sie alle ihre Aufgaben so gut erfüllt, das von oben Befohlene gehorsam ausgeführt haben, in Auschwitz und Treblinka, in Sobibor, Maidanek, Neuengamme, Flossenbürg und anderswo – *darum* wurde, was undenkbar schien, in Deutschland damals möglich: Massenmord ohne Schuldbewußtsein. Darauf haben sich fast alle Angeklagten des großen Frankfurter Auschwitzprozesses vor dreißig Jahren berufen: »Was der Lagerführer gesagt hat, habe ich ausgeführt, was er gesagt hat, war heilig (...).« »Der Eid, den ich damals auf den höchsten Kriegsherrn leisten mußte, war für mich bindend. (...) Für uns hieß es, diese Befehle sind sofort auszuführen.«[63]

Bonhoeffer hat in seinem Rechenschaftsbericht »Nach zehn Jahren« nicht nur die Gründe beschrieben, die zur »großen Maskerade des Bösen« führten, sondern er nennt auch die Haltungen und Einstellungen, die Gewähr bieten, Boden unter die Füße zu bekommen und standhalten zu können. Im Abschnitt über »Civilcourage« heißt es:

Wir Deutschen haben in einer langen Geschichte die Notwendigkeit und die Kraft des Gehorsams lernen müssen. In der Unterordnung aller persönlichen Wünsche und Gedanken unter den uns gewordenen Auftrag sahen wir Sinn und Größe unseres Lebens. (...) Wer wollte dem Deutschen bestreiten, daß er im Gehorsam, im Auftrag, im Beruf immer wieder das Äußerste an Tapferkeit und Lebenseinsatz vollbracht hat? (...) Aber er hatte damit die Welt verkannt; er hatte nicht damit gerechnet, daß seine Bereitschaft zur Unterordnung, zum Lebenseinsatz für den Auftrag mißbraucht werden könnte zum Bösen. Geschah dies, wurde die Ausübung des Berufes selbst fragwürdig, dann mußten alle sittlichen Grundbegriffe der Deutschen ins Wanken geraten. Es mußte sich herausstellen, daß eine entscheidende Grunderkenntnis dem Deutschen noch fehlte: die von der Notwendigkeit der freien, verantwortlichen Tat auch gegen Beruf und Auftrag. (...) Die Deutschen fangen erst heute an zu entdecken, was freie Verantwortung heißt. Sie beruht auf einem Gott, der das freie Glaubenswagnis verantwortlicher Tat fordert und der dem, der darüber zum Sünder wird, Vergebung und Trost zuspricht.[64]

Bonhoeffers Beteiligung an der Konspiration gegen Hitler ist auch Ausdruck einer bestimmten theologischen Grundhaltung: Christen ist »fromme Weltflucht« nicht gestattet.

Es gibt Menschen, die es für unernst, Christen, die es für unfromm halten, auf eine bessere irdische Zukunft zu hoffen und sich auf sie vorzubereiten. Sie glauben an das Chaos, die Unordnung, die Katastrophe als den Sinn des gegenwärtigen Geschehens und entziehen sich in Resignation oder frommer Weltflucht der Verantwortung für das Weiterleben, für den neuen Aufbau, für die kommenden Geschlechter. Mag sein, daß der Jüngste Tag morgen anbricht, dann wollen wir gern die Arbeit für eine bessere Zukunft aus der Hand legen, vorher aber nicht.[65]

Das Stichwort »Verantwortung für das Weiterleben, (...) für die kommenden Geschlechter« läßt die Überzeugung erkennbar werden, von der Bonhoeffer sich leiten läßt:

Die letzte verantwortliche Frage ist nicht, wie ich mich heroisch aus der Affaire ziehe, sondern wie eine kommende Generation weiterleben soll. Nur aus dieser geschichtlich verantwortlichen Frage können fruchtbare – wenn auch vorübergehend sehr demütigende – Lösungen entstehen.[66]

Wer am gegebenen Ort in freier, verantwortlicher Tat sich den »Affairen« der Welt stellt, der hat auch mit den Folgen zu rechnen, die solches Handeln nach sich zieht. Bonhoeffer hat im Rechenschaftsbericht »Nach zehn Jahren« unter der Überschrift »Sind wir noch brauchbar?« einen ganzen Abschnitt diesem Thema gewidmet:

Wir sind stumme Zeugen böser Taten gewesen, wir sind mit vielen Wassern gewaschen, wir haben die Künste der Verstellung und der mehrdeutigen Rede gelernt, wir sind durch Erfahrung mißtrauisch gegen die Menschen geworden und mußten ihnen die Wahrheit und das freie Wort oft schuldig bleiben, wir sind durch unerträgliche Konflikte mürbe oder vielleicht sogar zynisch geworden – sind wir noch brauchbar? Nicht Genies, nicht Zyniker, nicht Menschenverächter, nicht raffinierte Taktiker, sondern schlichte, einfache, gerade Menschen werden wir brauchen. Wird

Das Haus der Eltern, ihm benachbart das Haus von Tochter und Schwiegersohn Ursula und Rüdiger Schleicher, Marienburger Allee 42 und 43. Einzug am 1. Oktober 1935.

unsere innere Widerstandskraft gegen das uns Aufgezwungene stark genug und unsere Aufrichtigkeit gegen uns selbst schonungslos genug geblieben sein, daß wir den Weg zur Schlichtheit und Geradheit wiederfinden?[67]

Renate Bethge, eine Nichte Dietrich Bonhoeffers – ihre Mutter war Bonhoeffers Schwester Ursula, die 1923 Rüdiger Schleicher (ebenfalls dem Widerstand zugehörig, am 23. April 1945 ermordet) geheiratet hatte[68] – bewohnte mit ihren Eltern das Haus in der Marienburger Allee 42, das dem Haus ihrer Großeltern benachbart war.
Sie erinnert sich an den familiären Gesprächshintergrund, der für Bonhoeffers »Rechenschaftsbericht« von bestimmender Bedeutung ist.

> Meine Zeitzeugenschaft im Blick auf Bonhoeffer sieht anders aus als die von Albrecht Schönherr. Ich habe ihn in ganz anderem Kontext erlebt, nämlich in der Familie. Seine Eltern waren meine Großeltern, in deren nächster Umgebung ich in Berlin aufwuchs. Vier von Dietrichs Geschwistern wohnten mit ihren Familien in Berlin. Dazu kam Dietrich, immer, wenn er in Berlin war – und das war oft. Er hatte als einzig Unverheirateter sein Zimmer im Elternhaus behalten.
>
> Die Familie kam ständig im Haus meiner Großeltern, Dietrichs Eltern, zusammen, wo die aufgeregten Gespräche sich meist um Nazi-Verbrechen und -Pläne drehten, aber auch um das Problem, wie es überhaupt so weit hatte kommen können, und wie man diese »Bande« wieder loswerden könnte. Solche Gespräche schlugen sich z.T. in Dietrichs bekanntem Essay »Nach zehn Jahren« – nämlich nach zehn Jahren Naziherrschaft – nieder, wo er über das Versagen aller bisher geltenden Maßstäbe: der Vernunft, der Pflicht, ja des Gewissens nachdenkt, auch z.B. über die den Deutschen bisher fehlende Civilcourage.
>
> Keiner dieser großen Familie, einschließlich der Ehepartner, hatte Sympathien für die Nazis. Man war gewöhnt, sich

zu informieren, kannte also ihre Brutalität und ihre Hetze; und ihr großspuriges Gebaren stieß in dieser Familie, deren Vater, Professor für Neurologie und Psychiatrie, schon jeder kleinen Übertreibung mit Verachtung begegnete, auf volle Ablehnung. Die Familie war zwar unbedingt christlich, aber nicht kirchlich eingestellt (es wurden viele Choräle gesungen und abends gebetet. Weihnachten las die Mutter die Weihnachtsgeschichte, am Sylvesterabend den 90. Psalm vor, auf den sämtliche Verse von »Nun laßt uns gehn und treten« folgten); ein Bruder und drei Schwäger Dietrichs waren Juristen, der älteste Bruder Naturwissenschaftler, nur die jüngste Schwester hatte einen Theologen geheiratet.

Aber für die Bekennende Kirche interessierte man sich von Anfang an, war es doch die einzige Organisation, die nach der allgemeinen Gleichschaltung überhaupt noch wagte, gewisse Kritik gegenüber den Nazis zu äußern. So wurde die Lage der Bekennenden Kirche, und was für und durch sie geschehen konnte, sehr engagiert in der Familie mit Dietrich und seinem damals nächsten Freund und »halbjüdischen« Kollegen Franz Hildebrandt besprochen, wobei die Familie, die sehr viele jüdische Freunde hatte, großes Gewicht auf Stellungnahme zu der unerhörten Behandlung der Juden legte. Auf diese, immer wiederkehrenden, mit Empörung und Sorge geladenen Gespräche, kann ich mich noch gut besinnen.

Dietrich stand uns Kindern als der jüngste und einzig unverheiratete Onkel wohl näher als die anderen Geschwister der Eltern. Er schien mir immer vergnügt und optimistisch. Er provozierte uns manchmal ganz gern mit einem Ulk und freute sich, wenn man dahinter kam und vielleicht eine schlagfertige Antwort gab. Wenn wir im Sommer draußen auf der Terrasse Schularbeiten machten, warf er uns manchmal aus dem Mansardenzimmer im Großelternhaus gegenüber ein Bonbon oder sonst etwas Gutes herunter. Wurde man einmal mit irgend etwas zu ihm in sein Zimmer hinauf geschickt, war es dort von Zigarettenrauch ganz vernebelt.

Dietrich spielte gut Klavier und machte gern mit meinem Vater, der ein passionierter Geigenspieler war, oft dazu auch mit seinem Cello-spielenden Bruder Klaus, Musik. Ich habe ihm dabei oft umgeblättert und so manches, das ich später dann selbst spielte, kennengelernt, auch noch manche Passagen im Ohr, wie er sie energisch und gerafft, dabei aber voll die Schönheit und Melodie der Musik auskostend, spielte. In den Kriegsjahren brachte er oft auch seinen Freund, meinen späteren Mann, zum Musizieren im großen Familienkreis mit.

Dietrich fragte manchmal, was wir lasen, empfahl mir einmal dabei »Jürg Jenatsch« von Conrad Ferdinand Meyer. Meyer mochte er überhaupt gern. Er las uns eines Abends, als wir zu meinen Großeltern kamen, aus einem Meyer-Gedichtband vor, den er gerade auf dem Schoß hatte, öfter noch aus Christian Morgensterns surrealistisch-witzigen »Galgenliedern«, die überhaupt in der Familie beliebt waren. Nachdem wir in der Schule Englisch lernten, sprach er uns manchmal englisch an und war zufrieden, wenn man ihm dann antworten konnte. Er sprach auch oft zum Spaß englisch mit meinem Vater.

Dietrich hörte intensiv zu, reagierte schnell, sprach auch schnell. Er schätzte gutes Essen, gute Witze, gute Gespräche. Sein Beruf spielte in solchen Gesprächen natürlich eine Rolle, aber er drängte sich damit keinesfalls auf. Wenn mein Vater ihn ab und zu bat, uns am Sonntag eine kleine Andacht zu halten, da unser Ortspfarrer wenig erfreulich war, tat er das bereitwillig. Meine Großmutter kam von nebenan dann dazu.

Da ich nun einiges von der Familie berichtet habe, gehört das Ende wohl auch dazu. Nicht nur Dietrich, sondern auch sein Bruder Klaus und mein Vater – beide nach dem Todesurteil – und der Mann seiner Schwester Christine wurden von den Nazis noch im April 1945 umgebracht. Meine Großeltern verloren so zwei Söhne und zwei Schwiegersöhne.

Renate Bethge

Am 5. April 1943 wird Bonhoeffer verhaftet und in das Wehrmachtsuntersuchungsgefängnis von Berlin-Tegel eingeliefert. Die Geheime Staatspolizei ermittelt gegen ihn: Wegen Wehrentziehung und wegen der Beihilfe zur Flucht von Juden – auch seine im Auftrag der Verschwörer unternommenen Auslandsreisen erregen Verdacht.

Mit der Einlieferung in das Tegeler Gefängnis wird die Gegenwart, die bisher sein Leben bestimmte, zur Vergangenheit. Dietrich Bonhoeffer schreibt einen »Haftbericht«:

Ich wurde für die erste Nacht in eine Zugangszelle eingeschlossen; die Decken auf der Pritsche hatten einen so bestialischen Gestank, daß es trotz der Kälte nicht möglich war, sich damit zuzudecken. Am nächsten Morgen wurde mir ein Stück Brot in die Zelle geworfen, sodaß ich es vom Boden aufheben mußte. (...) Ich wurde in die abgelegenste Einzelzelle auf dem obersten Stock gebracht; ein Schild, welches jedem den Zutritt ohne besondere Genehmigung verbot, wurde angebracht, es wurde mir mitgeteilt, daß mein Schriftverkehr bis auf weiteres gesperrt sei, daß ich nicht (...) ins Freie dürfe (...). Ich erhielt weder Zeitungen noch

Gefängnishof Tegel, Frühsommer 1944, v.l. Mario Gilli, Gaetano Latmiral, Dietrich Bonhoeffer, Dante Curcio, Edmondo Tognelli, Oberfeldwebel Napp.

Rauchwaren. Nach 48 Stunden wurde mir meine Bibel zurückgegeben. (...) Wie ich aus Bemerkungen entnahm und wie sich auch bestätigte, war ich auf der Abteilung für die schwersten Fälle untergebracht, wo die zum Tode Verurteilten und an Händen und Füßen Gefesselten lagen. (...) Der wesentliche Eindruck, der bis heute derselbe geblieben ist, bestand darin, daß hier der Untersuchungshäftling bereits als Verbrecher behandelt wird (...).[69]

Im Frühjahr 1995 verstarb in Neapel Gaetano Latmiral, der als gefangengenommener italienischer Offizier zur selben Zeit in Tegel einsaß. Vor einigen Jahren hat Gaetano Latmiral von seiner Begegnung mit Dietrich Bonhoeffer berichtet:

> Also anfänglich war Bonhoeffer für mich nur ein evangelischer Pastor, der aus politischen Gründen in Untersuchungshaft geraten war, nichts anderes. Aber später, seine Würde, seine Güte, seine mutige Milde waren wie ein Licht in Finsternis, in der Sinnlosigkeit dieses Gefängnisses.
>
> Mit Dietrich Bonhoeffer war ich ein Jahr lang in Tegel untergebracht mit anderen italienischen Offizieren, und besonders mit meinem Freund Curcio, der noch in Rom lebt. Wir wurden als Geheimnisträger betrachtet, weil wir technische Offiziere waren (Spezialisten für Radartechnik). Deswegen durften wir nicht mit anderen Häftlingen sprechen, mit der Ausnahme von Bonhoeffer. Warum, weiß ich nicht, aber so war es. Deswegen waren wir oft mit ihm in einem Sprechzimmer im Erdgeschoß während der Luftangriffe untergebracht. Und eines Tages, während wir dort waren, wurde unsere Zelle schwer beschädigt. Ich möchte auch sagen, daß während dieser Luftangriffe Dietrich ganz gelassen blieb, und er sagte oft zu uns: »Wovon wollen wir heute sprechen?« Und dann sprach er ganz ruhig und gelassen und unterbrach seine Worte auch während der schwersten Explosionen nicht. Man könnte sagen, daß er eiserne Nerven hatte. Aber ich denke, es ist anders, ich denke, er hatte eine so feste Hoffnung, daß Gott durch Christus alles wiederbringen wird, alles voll-

bringen wird, daß nichts verlorengehen wird. Deswegen war er so ruhig, denke ich. In seiner Anwesenheit war es unmöglich, feige zu sein. Man war sozusagen gezwungen, sich würdig zu benehmen. Auch deswegen bin ich ihm dankbar.

Nach dem Scheitern des 20. Juli hat sich seine Lage verschlechtert, und er wußte das natürlich sehr gut. Und dann erzählte er mir mehrere Sachen, zum Beispiel sagte er mir, daß die schlimmste Erfahrung seines Lebens gewesen sei, einigen, besonders getauften Juden, alten Damen, nicht helfen zu können. Die sollten deportiert werden und baten um Absolution, weil sie sich vergiften wollten. Das hat er mehrmals gesagt. Also, nach dem Scheitern des 20. Juli befürchtete er, abtransportiert zu werden und in einem Verhör eventuelle körperliche Leiden nicht ertragen zu können. In diesem Falle hielt er Selbstmord für gerechtfertigt. Das hat er mir deutlich gesagt.[70]

Gaetano Latmiral

Über Bonhoeffers Leben im Gefängnis sind wir durch die »Briefe und Aufzeichnungen aus der Haft« unterrichtet, die sein Freund Eberhard Bethge unter dem Titel »Widerstand und Ergebung« 1951 zum ersten Mal veröffentlicht hat. Diese Briefe richten sich an die Menschen, die Bonhoeffer am nächsten stehen. Das sind zunächst die Eltern. Zum Zeitpunkt seiner Verhaftung ist Bonhoeffers Mutter 67, sein Vater 75 Jahre alt; und so versucht der Sohn, beruhigend auf ihre Sorgen einzugehen.

Liebe Eltern! Vor allem müßt Ihr wissen und auch wirklich glauben, daß es mir gut geht. (...) Was man sich gewöhnlich bei einer Haft als besonders unangenehm vorstellt, also die verschiedenen Entbehrungen des äußeren Lebens, das spielt merkwürdigerweise tatsächlich fast gar keine Rolle. Man kann sich auch mit trokken Brot morgens satt essen – übrigens gibt es auch allerlei Gutes! – und die Pritsche macht mir schon garnichts aus (...). Quä-

Mit den Eltern im Garten der Marienburger Allee 43.

lend ist oder wäre nur der Gedanke, daß Ihr Euch um mich ängstigt und quält, daß Ihr nicht richtig schlaft und eßt.[71]

Und dann gibt es die Briefe an den Freund Eberhard Bethge. Bei den Freundesbriefen handelt es sich um eine »Schmuggelkorrespondenz«. Bonhoeffer hatte einen Wächter des Gefängnisses dafür gewinnen können, die an Eberhard Bethge gerichteten Briefe unter Umgehung der Zensur aus dem Gefängnis heraus zu schmuggeln.

Lieber Eberhard! Ich muß die Gelegenheit Deiner Nähe einfach wahrnehmen, Dir zu schreiben. Du weißt ja, daß man mir hier sogar den Pfarrer versagt hat, aber selbst wenn er gekommen wäre – ich bin eigentlich ganz froh, daß ich hier nur die Bibel habe – hätte ich mit ihm ja nicht so sprechen können, wie ich es eben allein mir Dir kann.[72]

Als feststeht, daß auch der letzte Versuch, Hitler zu töten, gescheitert ist, am 21. Juli 1944, schreibt Dietrich Bonhoeffer an den Freund:

Lieber Eberhard! Heute will ich Dir nur so einen kurzen Gruß schicken. Ich denke, Du wirst in Gedanken so oft und viel hier bei uns sein, daß Du Dich über jedes Lebenszeichen freust (...). Ich erinnere mich eines Gesprächs, das ich vor 13 Jahren in Amerika mit einem französischen jungen Pfarrer hatte. Wir hatten uns ganz einfach die Frage gestellt, was wir mit unserem Leben eigentlich wollten. Da sagte er: ich möchte ein Heiliger werden (- und ich halte für möglich, daß er es geworden ist -); das beeindruckte mich damals sehr. Trotzdem widersprach ich ihm und sagte ungefähr: ich möchte glauben lernen. Lange Zeit habe ich die Tiefe dieses Gegensatzes nicht verstanden. Ich dachte, ich könnte glauben lernen, indem ich selbst so etwas wie ein heiliges Leben zu führen versuchte. (...)

Später erfuhr ich und ich erfahre es bis zur Stunde, daß man erst in der vollen Diesseitigkeit des Lebens glauben lernt. Wenn man völlig darauf verzichtet hat, aus sich selbst etwas zu machen – sei es einen Heiligen oder einen bekehrten Sünder oder einen Kirchenmann (eine sogenannte priesterliche Gestalt!), einen Gerechten oder einen Ungerechten, einen Kranken oder einen Gesunden – und dies nenne ich Diesseitigkeit, nämlich in der Fülle der Aufgaben, Fragen, Erfolge und Mißerfolge, Erfahrungen und Ratlosigkeiten leben, – dann wirft man sich Gott ganz in die Arme, dann nimmt man nicht mehr die eigenen Leiden, sondern das Leiden Gottes in der Welt ernst, dann wacht man mit Christus in Gethsemane, und ich denke, das ist Glaube, das ist μετάνοια (Umkehr) und so wird man ein Mensch, ein Christ. (...) Wie sollte man bei Erfolgen übermütig oder an Mißerfolgen irre werden, wenn man im diesseitigen Leben Gottes Leiden mitleidet? Du verstehst, was ich meine, auch wenn ich es so kurz sage. Ich bin dankbar, daß ich das habe erkennen dürfen und ich weiß, daß ich es nur auf dem Wege habe erkennen dürfen, den ich nun einmal gegangen bin. Darum denke ich dankbar und friedlich an Vergangenes und Gegenwärtiges.

Vielleicht wunderst Du Dich über einen so persönlichen Brief. Aber, wenn ich einmal so etwas sagen möchte, wem sollte ich es sonst sagen? Vielleicht kommt die Zeit, in der ich auch zu Maria einmal so sprechen kann; ich hoffe es sehr. Aber noch kann ich ihr das nicht zumuten.

Gott führe uns freundlich durch diese Zeiten, aber vor allem führe er uns zu sich. (...) Leb wohl, bleibe gesund und laß die Hoffnung nicht sinken, daß wir uns bald alle wiedersehen. In Treue und Dankbarkeit denkt immer an Dich   *Dein Dietrich*[73]

Groß-Schlönwitz, Sommer 1938. Eberhard Bethge und Dietrich Bonhoeffer, Sammelvikariat Groß-Schlönwitz.

Eberhard Bethge, der Empfänger dieses Briefes, hat wiederholt gesagt, daß ihm – unter allen Briefen, die er von Dietrich Bonhoeffer erhielt – dieser Brief der liebste sei, der Brief vom Tage nach dem gescheiterten Attentat. Warum?

Dieser Brief zeigt, daß dieser Mann sich nie erlaubt, panisch zu reagieren. Sofort nachdem ihm klar geworden ist, daß mit diesem 20. Juli 1944 alle persönlichen Hoffnungen auf eine erfüllte Liebe zerstört sind, daß eine Wiedervereinigung mit der geliebten Familie ausgeschlossen ist, daß eine erneuerte Gestalt für die Kirchen in Deutschland nun in alle Ferne gerückt sein wird, daß ein befreites Deutschland nun erst recht nicht kommt, schickt er seine Gedanken mit diesem Brief zu uns, den Nächsten: Wie mag es diesen nun wohl gehen? Ein Bonhoeffer ist auch in der verzweifeltsten Isolierung nicht allein; jetzt warten erst recht sehr bestimmte Menschen auf ihn; und so füllen Rechenschaft, Fürbitte, Selbst- und Situations- und Zeitanalyse Kopf, Verstand und Herz im Augenblick, da ihm das Weiterleben abgeschnitten wird. Mitten im Sturz in neue schlimmste Abhängigkeit läßt er sich eben nicht zum totalen Opfer machen.

So gibt es hier keinen Anklang von Klage und Jammern, sondern nur Anzeichen des an die Anderen Denkens.

Außer der Fülle der autobiographischen Beobachtungen, die Dietrich uns in diesem Augenblick mitteilt und die ich jetzt so stehen lasse, gibt es dann aber noch die erstaunliche Stelle, die mir selbst auch erst nach Jahren aufgegangen ist in ihrer zupackenden und tröstlichen Reaktion von Dietrich auf die Nachricht des gescheiterten 20. Juli 1944: »Darum (d.i. mit diesem Ende meines vergangenen Weges) denke ich dankbar und friedlich an Vergangenes und Gegenwärtiges.« Ja natürlich, »dankbar und friedlich an Vergangenes«: diese Familie und ihr Erbe – und auch diese Bekennende Kirche und »Finkenwalde«, die mir auch jetzt »Gute Mächte« bleiben, die mich jetzt erst recht »bergen«. Aber auch »Gegenwärtiges« – also Gestern? Auch der gescheiterte Putsch? Und das »dankbar und friedlich« am 21. Juli 1944? Ja, allerdings: denn auch im Scheitern, ja vielleicht gerade in diesem Fehlschlag ist nun vor aller Welt öffentlich geworden, daß wir nicht auf die Seite der teuflischen Mörder gehören, nachdem wir jahrelang als Konspirateure wie Komplizen von ihnen erscheinen mußten, ja dies auch waren. Nun aber ist es öffentlich, daß und wie wir auf die Seite der geschlagenen Opfer Gottes gehört haben, jedenfalls jetzt gehören. Die Qual des

Komplizentums ist zu Ende und darum »denke ich dankbar und friedlich an Gegenwärtiges«.

Als ich Dietrich zum ersten Mal 1944 in Tegel sehen konnte, beunruhigte mich der Gedanke daran, wie ich dem nun Gefangenen wohl entgegentreten wollte, so daß er spüre, wie ich ihn – ja: bemitleide; aber dann ging die Tür auf, er trat ein und ging mit einer solchen freien Freude auf uns, die Besucher los, daß alles genau so zu sein schien wie zuvor; und sofort entstand wieder die alte Situation des Fragens und Antwortens, und kein lamentierendes Wort nahm uns Zeit weg von den kostbaren Minuten dieser Begegnung. Daß jeder für sich mit der anderen Seite der Medaille fertig werden würde, darin drang man nicht ein, sondern glaubte und stärkte einander. Dietrich besaß die Fähigkeit, bei anderen Fähigkeiten vorauszusetzen und damit Realitäten im Gegenüber zu schaffen.

Daß er einen gewissen Spaß an mir hatte, bemerkte ich zum ersten Mal bei einer musikalischen Gelegenheit: Ich hatte im Mai 1935 in Zingst vertretungsweise das vormittägliche halbstündige Singen der Seminaristen zu leiten und Dietrich Bonhoeffer tat mit. Ich übte den Kanon »Agnus Dei« von Josquin des Prés ein und brachte eine gerade erfahrene Weisheit an: Luther habe gesagt, bei den normalen Komponisten müssen die Noten so laufen, wie die Noten sollen, aber bei Josquin müssen die Noten wie Josquin es will. Das begeisterte Dietrich merklich, und wir sind beim Erwerben solcher Vor-Bach´scher Musik über die Klassik und die »Lieder«, die in der Bonhoeffer-Familie bisher vorgeherrscht hatten, bis zum Ende geblieben.

Trotz der gewissen Schwere seiner Glieder hatte er eine außerordentlich federnde Sprungkraft und rühmte sich ja auch, daß er einmal als Schüler einen Hochsprungwettbewerb gewonnen habe; überliefert wurde freilich auch, daß ihm die zahlreichen Geschwister den Stolz, mit dem er den Siegerkranz über der Schulter nach Hause brachte, durch gezielten Spott alsbald vergällten, was mir noch heute leid tut! Krankheitsphasen begegnete er mit ziemlicher Ungeduld. Schlaftabletten benutzte er bedenkenlos, wenn nötig. Wer es aushalten konnte, erfuhr durchaus seinen gezielten Spott. An der linken Hand trug er einen Bonhoefferschen Wappenring, den er sorgfältig in die linke Ecke des »Bechstein« legte, wenn er eine Beethovensonate mit Verve zelebrierte. Wenn er konzentriert schrieb, schaffte er in drei Stunden, wozu wir drei Wochen gebrauchten. Das war aber auch die einzige ungerechte Wirkung, die man von ihm erfuhr. Sonst überwog seine Zuhörfähigkeit, die überzeugend wirkte, zusammen mit den hilfsbereiten Ratschlägen, die ihm nie ausgingen – darin Erbe seiner phantasiereichen Mutter. Er wußte die Prioritäten zu balancieren. Besonderes behandelte er möglichst alltäglich. Aber Alltägliches erhielt den Rang von Besonderem. Je heftiger die Erregung, umso unbedeutender die Wortwahl und sparsamer die Gestik. Je unabgelenkter er sein Pensum angriff, umso vollständiger ließ er sich unterbrechen, wenn ihn jemand nötig zu haben schien.

Nie ein passives Opfer zu werden derer, die dann unabänderbar über ihn verfügten, hatten fromme Übung und Erziehung zu innerer Unabhängigkeit und rechtzeitigem Vorbedenken möglicher Komplikationen lange vorgeübt. Tatsächlich hat er offenbar bis zum letzten Augenblick seine Souveränität nicht verloren.

Eberhard Bethge

Es gibt noch einen dritten Briefwechsel, den Bonhoeffer im Gefängnis von Tegel geführt hat: das sind die »Brautbriefe«, die – lange Zeit nicht zur Veröffentlichung freigegeben – erst 1992 erscheinen konnten.[74]

Im Sommer 1942 waren sie einander näher gekommen: die 18jährige Maria von Wedemeyer und der 36jährige Dietrich Bonhoeffer. In ihrer Bonhoeffer-Biographie »Dem Rad in die Speichen fallen« schreibt Renate Wind dazu:

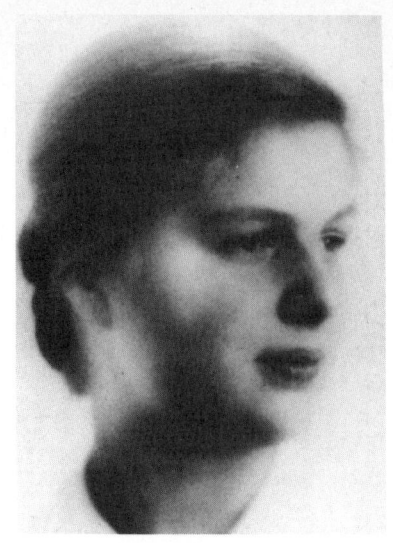

Maria von Wedemeyer
(Aufnahme aus dem Jahr 1942).

»Sie kennen sich schon ziemlich lange, seit Dietrichs Zeit in Finkenwalde. Allerdings war Dietrich damals der Herr Pastor und Maria die kleine Schwester eines seiner Konfirmanden – und in den Augen des strengen Pastor Bonhoeffer ein reichlich eigenwilliges Kind. Marias Großmutter, Ruth von Kleist-Retzow, hatte die Finkenwalder nach Kräften unterstützt.« Sie »bewundert und unterstützt Dietrich in seiner Radikalität und Kompromißlosigkeit so sehr, daß es ihrer Verwandtschaft fast zu weit geht. Marias Mutter ist jedenfalls nicht gerade begeistert, als sich im Sommer 1942 unter den Augen der radikalen alten Dame eine Beziehung zwischen ihrer Tochter und einem doppelt so alten Mann entwickelt, der zu dieser Zeit alles andere als eine ›gute Partie‹ ist.«[75]

Als die Verlobung im Januar 1943 stattfindet, willigt das Paar ein, daß bis zur Bekanntgabe der Verbindung und bis zur Hochzeit noch eine längere Zeit verstreichen soll; Marias Vater – Hans von Wedemeyer, Gutsbesitzer auf Pätzig in der Neumark – war wenige Monate zuvor an der Ostfront gefallen. Als es dann zur Verhaftung Bonhoeffers kommt, sind alle weiteren Pläne durchkreuzt. Was – außer den wenigen »Besuchserlaubnissen« im Gefängnis – den beiden bleibt, das sind die Briefe. Maria von Wedemeyer an Dietrich Bonhoeffer:

> »Ich denke an die Stunden in Berlin, und daß es schön war – und daß ich mich nun freue darauf, bald wieder eine Sprecherlaubnis zu bekommen. Ob man uns nicht vielleicht einmal eine Sprecherlaubnis allein bewilligt. (...) Ich möchte ja nur einmal richtig allein mit Dir sein. Und ich finde, wenn man ein Jahr verlobt ist und dies noch nie war, so ist es eigentlich ein begreiflicher Wunsch.«

> »Morgens, wenn ich um 1/2 6 aufstehe, dann bemühe ich mich immer recht zart und behutsam an Dich zu denken, damit Du noch ein bißchen weiterschlafen kannst. Ich hab einen Kreidestrich um mein Bett gezogen etwa in der Größe Deiner Zelle. Ein Tisch und ein Stuhl steht da, so wie ich es mir vorstelle. Und wenn ich da sitze, glaube ich schon beinah, ich wäre bei Dir. Wäre ich es doch nur erst wirklich.«[76]

Am 12.8.1943 schreibt Dietrich Bonhoeffer an seine Verlobte:

Meine liebste Maria! (...) Du kannst es garnicht ermessen, was es für mich in meiner jetzigen Lage bedeutet, Dich zu haben. Es ist mir gewiß, daß hier eine besondere Führung Gottes über mir waltet. Die Art, wie wir uns gefunden haben, und der Zeitpunkt so kurz vor meiner Verhaftung sind mir zu deutliche Zeichen dafür; es ging wieder einmal »hominum confusione et dei providentia« (»nach der Menschen Verwirrung und Gottes Vorsehung«). Täglich überwältigt es mich aufs neue, wie unverdient ich solches Glück erfuhr, und täglich bewegt es mich tief, in eine wie harte Schule Gott Dich im letzten Jahr genommen hat, und wie es offenbar sein Wille ist, daß ich Dir, kaum daß wir uns kennen, Leid und Kummer zufügen muß, damit unsere Liebe zueinander den rechten Grund

und die rechte Tragkraft bekommt. Wenn ich dazu die Lage der Welt, die völlige Dunkelheit über unserem persönlichen Schicksal und meine gegenwärtige Gefangenschaft bedenke, dann kann unser Bund – wenn er nicht Leichtsinn war und das war er bestimmt nicht, – nur ein Zeichen der Gnade und Güte Gottes sein, die uns zum Glauben ruft. Wir müßten blind sein, wenn wir das nicht sähen. Bei Jeremia heißt es in der größten Not seines Volkes »noch soll man Häuser und Äcker kaufen in diesem Lande« als Zeichen des Vertrauens auf die Zukunft. Dazu gehört Glaube; Gott schenke ihn uns täglich; ich meine nicht den Glauben, der aus der Welt flieht, sondern der in der Welt aushält und die Erde trotz aller Not, die sie uns bringt, liebt und ihr treu bleibt. Unsere Ehe soll ein Ja zu Gottes Erde sein, sie soll uns den Mut, auf der Erde etwas zu schaffen und zu wirken, stärken. Ich fürchte, daß die Christen, die nur mit einem Bein auf der Erde zu stehen wagen, auch nur mit einem Bein im Himmel stehen.[77]

Wie sehr Bonhoeffer unter der Trennung von seiner Verlobten litt, läßt ein Brief an den Freund Eberhard Bethge ahnen:

Nun sind wir fast 1 Jahr verlobt und haben uns noch nie 1 Stunde allein gesehen! Ist das nicht ein Wahnsinn? Alles, was sonst zur Verlobungszeit gehört, das sinnlich-erotische müssen wir bewußt verdrängen, unseren ersten Kuß haben wir uns vor Roeder´s Augen geben müssen. Wir müssen uns über Dinge unterhalten und schreiben, die uns beiden imgrunde nicht die wichtigsten sind, wir sitzen alle Monate eine Stunde brav wie auf der Schulbank nebeneinander und werden wieder auseinandergerissen, wir wissen so gut wie nichts voneinander, haben nichts miteinander erlebt, denn auch diese Monate erleben wir ja getrennt. Maria hält mich für einen Ausbund an Tugend, Musterhaftigkeit und Christlichkeit und ich muß, um ihr Beruhigung zu verschaffen, Briefe schreiben wie ein alter Märtyrer und ihr Bild von mir wird dadurch immer falscher. Ist das nicht für sie eine unmögliche Situation?[78]

Unter den drei Korrespondenzen – mit den Eltern, dem Freund und der Verlobten – nimmt die *mittlere*, der theologischen Aussagen wegen, einen besonderen Platz ein. Schon in Finkenwalde hatte Bonhoeffer den christlichen Glauben auf den *gegenwärtigen* Christus bezogen; und eben so lautet auch die theologische Leitfrage in den Briefen an den Freund:

Was mich unablässig bewegt, ist die Frage, was das Christentum oder auch wer Christus heute für uns eigentlich ist.[79]

Für Bonhoeffer ist Christus »der Mensch für andere« – und *diesem* Christus hat die Gestalt der Kirche zu entsprechen. In dem »Entwurf für eine Arbeit« – ein Text, an dem der Gefangene bis zuletzt noch gearbeitet hat – hat Bonhoeffer die Konturen einer »neuen« Kirche beschrieben:

Die Kirche ist nur Kirche, wenn sie für andere da ist. Um einen Anfang zu machen, muß sie alles Eigentum den Notleidenden schenken. Die Pfarrer müssen ausschließlich von den freiwilligen Gaben der Gemeinden leben, eventuell einen weltlichen Beruf ausüben. Sie muß an den weltlichen Aufgaben des menschlichen Gemeinschaftslebens teilnehmen, nicht herrschend, sondern helfend und dienend. Sie muß den Menschen aller Berufe sagen, was ein Leben mit Christus ist, was es heißt, »für andere dazusein«. Speziell wird unsere Kirche den Lastern der Hybris, der Anbetung der Kraft und des Neides und des Illusionismus als den Wurzeln allen Übels entgegentreten müssen. Sie wird von Maß, Echtheit, Vertrauen, Treue, Stetigkeit, Geduld, Zucht, Demut, Bescheidenheit, Genügsamkeit sprechen müssen. Sie wird die Bedeutung des menschlichen »Vorbildes« (das in der Menschheit Jesu seinen Ursprung hat und bei Paulus so wichtig ist!) nicht unterschätzen dürfen; nicht durch Begriffe, sondern durch Vorbild bekommt ihr Wort Nachdruck und Kraft. (...) Das ist alles sehr roh und summarisch gesagt. Aber es liegt mir daran, einmal den Versuch zu machen, einfach und klar gewisse Dinge auszusprechen, um die wir uns sonst gern herumdrücken. Ob es gelingt, ist eine andere Frage, zumal ohne die Hilfe des Gespräches. Ich hoffe damit, für die Zukunft der Kirche einen Dienst tun zu können.[80]

Im Mai 1944 formuliert Bonhoeffer »Gedanken zum Tauftag« seines Patensohnes Dietrich Bethge:

Du wirst heute zum Christen getauft. Alle die alten großen Worte der christlichen Verkündigung werden über Dir ausgesprochen und der Taufbefehl Jesu Christi wird an Dir vollzogen, ohne daß Du etwas davon begreifst. Aber auch wir selbst sind wieder ganz auf die Anfänge des Verstehens zurückgeworfen. Was Versöhnung und Erlösung, was Wiedergeburt und Heiliger Geist, was Feindesliebe, Kreuz und Auferstehung, was Leben in Christus und Nachfolge Christi heißt, das alles ist so schwer und so fern, daß wir es kaum mehr wagen, davon zu sprechen. In den überlieferten Worten und Handlungen ahnen wir etwas ganz Neues und Umwälzendes, ohne es noch fassen und aussprechen zu können. Das ist unsere eigene Schuld. Unsere Kirche, die in diesen Jahren nur um ihre Selbsterhaltung gekämpft hat, als wäre sie ein Selbstzweck, ist unfähig, Träger des versöhnenden und erlösenden Wortes für die Menschen und für die Welt zu sein. Darum müssen die früheren Worte kraftlos werden und verstummen, und unser Christsein wird heute nur in zweierlei bestehen: im Beten und im Tun des Gerechten unter den Menschen. (...) Es ist nicht unsere Sache, den Tag vorauszusagen – aber der Tag wird kommen –, an dem wieder Menschen berufen werden, das Wort Gottes so auszusprechen, daß sich die Welt darunter verändert und erneuert. Es wird eine neue Sprache sein, vielleicht ganz unreligiös, aber befreiend und erlösend, wie die Sprache Jesu, daß sich die Menschen über sie entsetzen und doch von ihrer Gewalt überwunden werden, die Sprache einer neuen Gerechtigkeit und Wahrheit, die Sprache, die den Frieden Gottes mit den Menschen und das Nahen seines Reiches verkündigt.» »Und sie werden sich verwundern und entsetzen über all dem Guten und über all den Frieden, den ich ihnen geben will.« (Jerem. 33,9). Bis dahin wird die Sache der Christen eine stille und verborgene sein; aber es wird Menschen geben, die beten und das Gerechte tun und auf Gottes Zeit warten.[81]

Im Krankenrevier des Tegeler Gefängnisses hatte der Gefangene am 21. Juli 1944 die Meldungen ausländischer Sender über das gescheiterte Attentat gehört. Er weiß, daß seine Lage nun aussichtslos wird. Als im August dann sein Schwager Hans von Dohnanyi in das Konzentrationslager Sachsenhausen eingeliefert und im Oktober sein Bruder Klaus und sein Schwager Rüdiger Schleicher verhaftet werden, gibt er den Plan zur Flucht auf. Ein Angehöriger des Wachpersonals hatte sich bereit erklärt, bei einer solchen Flucht behilflich zu sein; die Familie hatte bereits Monteurkleidung und Lebensmittelmarken besorgt – aber Bonhoeffer sagte die Flucht ab. Sippenhaft war zu befürchten. Die Familien sollten keiner weiteren Belastung ausgesetzt werden. Eberhard Bethge hat diese Entscheidung so gedeutet:

> »Bonhoeffer hatte dreimal versucht, seiner Bestimmung zu entfliehen: 1933 in ein klerikales Exil nach London, 1939 in ein akademisches nach New York, 1944 aus der Zelle in ein ziviles Untertauchen. Dreimal kehrte er zurück: 1935 in seine verfolgte Kirche (...), 1939 in die Mitarbeit konspirierender Freunde (...), 1944 in die Gemeinschaft der Verurteilten.«[82]

Im September 1944 findet die Gestapo im ausgelagerten Hauptquartier in Zossen bei Berlin in einem Panzerschrank Akten der Abwehr, die u.a. eindeutig beweisen, daß Bonhoeffer zu den Verschwörern gegen Hitler gehört. Auf Hitlers Befehl hin setzen neue Untersuchungen und Verhöre ein. Bonhoeffer wird deshalb am 8. Oktober 1944 vom Tegeler Militärgefängnis in das Keller-Gefängnis der Gestapo in der Berliner Prinz-Albrecht-Straße verbracht. Bevor er das Gefängnis in Tegel verläßt, verabschiedet er sich von einigen der mitgefangenen italienischen Offiziere, mit denen er in den Monaten der Haft gesprochen hatte, so oft dazu Gelegenheit war. Von diesem Abschied hat Gaetano Latmiral berichtet:

> »Es war schon Nacht, das Licht war abgeblendet, und der Unteroffizier Linke öffnete die Tür unserer Zelle. Dietrich wollte das Gefängnis nicht verlassen, ohne seine Freunde begrüßt zu haben. Er sagte uns Lebwohl und ging seinem Schicksal

entgegen. Die billige Gnade, die Gnade ohne Kreuz, wie er sagte, war ihm fremd. Das ist alles.«[83]

Am 7. Februar 1945 wird der Gefangene aus Berlin fortgeschafft. »Erst beim nächsten Pakettag, am 14. Februar, entdecken Maria v. Wedemeyer und die Eltern, daß es für ihre Gaben keinen Abnehmer mehr (...) gab.«[84] Mit dem Fahrrad bricht Maria in Berlin auf, um den Verlobten zu suchen. Bis in die Oberpfalz, bis in das Konzentrationslager von Flossenbürg führt sie ihr Weg. Auf einer Postkarte an ihre Mutter – datiert »Flossenbürg, den 19.2.45« – gesteht sie sich ein: Die Suche war vergeblich.

> »Liebe Mutter. Leider ist meine ganze Reise nach Bundorf und Flossenbürg völlig zwecklos gewesen. Dietrich ist gar nicht da. Wer weiß, wo er steckt. In Berlin sagt man es mir nicht und in Flossenbürg wissen sie es nicht. Ein ziemlich hoffnungsloser Fall. Aber was soll ich jetzt machen. (...) Ich glaube wirklich, es hat verhältnismäßig wenig Sinn, jetzt nach Berlin zurückzugehen. Wenn ich sogar nicht mal mehr für Dietrich sorgen kann!«[85]

Sechs Wochen später – am Abend des 8. April – trifft der Gefangenentransport dort ein, wo Maria zuvor vergeblich gesucht hatte, in Flossenbürg. In der Nacht tritt ein SS-Standgericht zusammen.[86] Das Urteil erkennt gegen Dietrich Bonhoeffer auf »politischen Hochverrat«, im Morgengrauen des 9. April wird es vollstreckt.

Und so geschieht es denn im Zwielicht des dämmernden Morgens. Nichts klappt mehr in jenem »Großdeutschen Reich«, das nun zerstört am Boden liegt. Das Ende des »Dritten Reichs« ist da. Nur Hitler im Bunker von Berlin ist noch nicht am Ende – noch nicht. Noch wird seinen Befehlen Folge geleistet; und auf einen ausdrücklichen »Führerbefehl« ging auch das Urteil zurück, das jenes SS-Standgericht vollstrecken ließ. Die Leichen werden verbrannt, die Spur verwischt. Ohne Gedenken, erinnerungslos im Gedächtnis der Menschen sollten die bleiben, die den Versuch gewagt hatten, das Regime Hitlers zu stürzen. Dies aber gelang nicht, denn: Wir erinnern uns.

Anmerkungen

Alle Texte von Dietrich Bonhoeffer werden nach der Ausgabe der *Dietrich Bonhoeffer Werke* (DBW) zitiert. Soweit die Anmerkungen keinen Hinweis auf DBW enthalten, sind die entsprechenden Bände noch nicht erschienen; dabei handelt es sich um DBW 8, 12, 15 und 16.

1. »Anklageverfügung« und »Anklageschrift« des Reichskriegsgerichts gegen Pfarrer Dietrich Bonhoeffer, in: Bonhoeffer-Rundbrief Nr. 35 (April 1991), S. 2-11. (Abkürzungen ausgeschrieben)
2. O. Dudzus, in: Ders. (Hg.), Bonhoeffer-Auswahl, Bd. 1-4 (GTB 149-152), Gütersloh, 2. Aufl. 1977, Bd. 1, S. 9.
3. D. Bonhoeffer, Widerstand und Ergebung. Briefe und Aufzeichnungen aus der Haft, hg. von E. Bethge. Mit einem Nachwort von Chr. Gremmels (KT 100), Gütersloh, 15. Aufl. 1994, S. 86f. (im folgenden abgekürzt: WE).
4. Siehe dazu: E. Bethge, Dietrich Bonhoeffer. Eine Biographie, München, 7. Aufl. 1989, S. 955.
5. E. Bethge, Bekennen und Widerstehen. Aufsätze, Reden, Gespräche, München 1984, S. 220f.
6. Vgl. dazu: Monumenta Judaica. 2000 Jahre Geschichte der Juden am Rhein. Handbuch. Im Auftrag der Stadt Köln hg. von K. Schilling, Köln 1963, S. 610.
7. D. Bonhoeffer, Die Kirche vor der Judenfrage, in: Ders., Gesammelte Schriften, Bd. II, hg. von E. Bethge, München, 2. Aufl. 1965, S. 44-53 (im folgenden abgekürzt: GS). Vgl. zum Thema dieses Abschnitts: E. Bethge, Dietrich Bonhoeffer und die Juden, in: Konsequenzen. Dietrich Bonhoeffers Kirchenverständnis heute, hg. von E. Feil und I. Tödt (Internationales Bonhoeffer Forum 3), München 1980, S. 171-214.
8. GS II, S, 49; S. 45.
9. GS II, S. 48.
10. Zit. n.: S. Leibholz-Bonhoeffer, Vergangen, erlebt, überwunden. Schicksale der Familie Bonhoeffer (GTB 291), Gütersloh, 5. Aufl. 1985, S. 100.

11. GS II, S. 65f.
12. Kirchliches Jahrbuch für die Evangelische Kirche in Deutschland. 1933-1944, hg. von J. Beckmann, Gütersloh, 2. Auf. 1976, S. 33f.
13. D. Bonhoeffer an E. Sutz. Brief vom 11.9.1934, in: GS I, S. 42 (= Dietrich Bonhoeffer Werke, Bd. 13: London. 1933-1935, hg. von H. Goedeking, M. Heimbucher und H.-W. Schleicher, München 1994, S. 204).
14. D. Bonhoeffer, Vergegenwärtigung neutestamentlicher Texte, GS III, S. 324.
15. Zit. n.: E. Bethge, Dietrich Bonhoeffer und die Juden, in: Konsequenzen, a.a.O., S. 195.
16. Vgl. hierzu: Ebd., S. 195.
17. G. Maltusch, Beim Brand der Synagogen, in: Begegnungen mit Dietrich Bonhoeffer, hg. von W.-D. Zimmermann, München, 4. Aufl. 1969, S. 142. Vgl. hierzu: E. Bethge, Dietrich Bonhoeffer unter den Verstummten?, in: Ders., Erstes Gebot und Zeitgeschichte. Aufsätze und Reden. 1980-1990, München 1991, S. 100-111.
18. Siehe: E. Bethge, R. Bethge, Chr. Gremmels, Dietrich Bonhoeffer. Bilder aus seinem Leben, München, 2. Aufl. 1989, S. 229.
19. Zit. n.: K. Meier, Kirche und Judentum, Halle 1968, S. 37.
20. Dietrich Bonhoeffer Werke, Bd. 6: Ethik, hg. von I. Tödt, H.E. Tödt, E. Feil und C. Green, München 1992, S. 95.
21. GS II, S. 642f.
22. Kirchliches Jahrbuch für die Evangelische Kirche in Deutschland. 1933-1944, a.a.O., S. 460f.
23. Vgl. hierzu: E. Bethge, Dietrich Bonhoeffer, a.a.O., S. 838-841. W. Meyer, Unternehmen Sieben. Eine Rettungsaktion für vom Holocaust Bedrohte aus dem Amt Ausland/Abwehr im Oberkommando der Wehrmacht. Mit einem Begleitwort von Klaus v. Dohnanyi, Frankfurt/Main 1993.
24. WE, S. 22.
25. WE, S. 26.
26. Dietrich Bonhoeffer Werke, Bd. 6: Ethik, a.a.O., S. 129f.
27. E. Bethge, Dietrich Bonhoeffer und die Juden, in: Konsequenzen, a.a.O., S. 199. Zum Thema »Weg in den Widerstand« vgl. in Sonderheit: E. Bethge, Der Weg vom »Pazifismus« in den Widerstand, in: Ders., Bekennen und Widerstehen, a.a.O., S. 87-109; Ders., Dietrich Bonhoeffer – Widerstand in preußischer Tradition?, in: Ebd., S. 24-49.
28. D. Bonhoeffer, Grundfragen einer christlichen Ethik, in: GS V, S. 173; S. 171f. (= Dietrich Bonhoeffer Werke, Bd. 10: Barcelona,

Berlin, Amerika. 1928-1931, hg. von R. Staats und H.Chr. v. Hase in Zusammenarbeit mit H. Roggelin und M. Wünsche, München 1991, S. 339, S. 337f.).
29. H.E. Tödt, Dietrich Bonhoeffers ökumenische Friedensethik, in: H. Pfeifer (Hg.), Frieden – das unumgängliche Wagnis (Internationales Bonhoeffer Forum 5), München 1982, S. 90.
30. Zit. n.: H.-W. Krumwiede / M. Greschat / M. Jacobs / A. Lindt, Kirchen- und Theologiegeschichte in Quellen, Bd. IV/2, Neukirchen 1980, S. 119.
31. Zit. n.: E. Bethge, Dietrich Bonhoeffer, a.a.O., S. 254.
32. Zit. n.: E. Bethge, Dietrich Bonhoeffer, a.a.O., S. 248f.
33. P. Althaus, E. Hirsch, Evangelische Kirche und Völkerverständigung. Eine Erklärung, in: Die Christliche Welt 45/1931, Sp. 606.
34. D. Bonhoeffer, Zur theologischen Begründung der Weltbundarbeit, in: GS I, S. 154f. (= Dietrich Bonhoeffer Werke, Bd. 11: Ökumene, Universität, Pfarramt. 1931-1932, hg. von E. Amelung und Chr. Strohm, München 1994, S. 340f.).
35. O. Dudzus, Dem Rad in die Speichen fallen, in: Begegnungen mit Dietrich Bonhoeffer, a.a.O., S. 83.
36. D. Bonhoeffer, Kirche und Völkerwelt, Dietrich Bonhoeffer Werke, Bd. 13, a.a.O., S. 300f. Die letzte Strophe des »Kriegsliedes« von Matthias Claudius ist – entsprechend der in der englischen Fassung verwendeten Übertragung – charakteristisch verändert. Eigentlich lautet sie: »Was hülf' mir Kron' und Land und Gold und Ehre?/Die können mich nicht freun!/'s ist leider Krieg und ich begehre/Nicht schuld daran zu sein!«
37. D. Bonhoeffer an E. Sutz. Brief vom 17.5.1932, in: GS I, S. 32 (= Dietrich Bonhoeffer Werke, Bd. 11: Ökumene, Universität, Pfarramt. 1931-1932, a.a.O., S. 89f.).
38. Zit. n.: E. Bethge, Dietrich Bonhoeffer, a.a.O., S. 446f.
39. Zit. n.: E. Bethge, Dietrich Bonhoeffer, a.a.O., S. 581; S. 584ff.
40. Vgl. dazu: E. Röhm, Sterben für den Frieden. Spurensicherung: Hermann Stöhr (1898-1940) und die ökumenische Friedensbewegung, Stuttgart 1985.
41. D. Bonhoeffer an Bischof George Bell. Brief vom 25.3.1939, in: GS I, S. 464f.
42. GS I, S. 297f.
43. GS I, S. 308; siehe auch: E. Bethge, R. Bethge, Chr. Gremmels, Dietrich Bonhoeffer. Bilder aus seinem Leben, a.a.O., S. 176.
44. D. Bonhoeffer an R. Niebuhr. Brief vom Juni 1939, in: GS I, S. 477.
45. E. Bethge, Dietrich Bonhoeffer, a.a.O., S. 742.

46. GS I, S. 315.
47. D. Bonhoeffer, Gemeinsames Leben (Kaiser Taschenbücher 41), 24. Aufl. Gütersloh 1993 (= Dietrich Bonhoeffer Werke, Bd. 5: Gemeinsames Leben. Das Gebetbuch der Bibel, hg. von G.L. Müller und A. Schönherr, München 1987).
48. D. Bonhoeffer, Finkenwalder Bibelarbeiten. 1935-1938: Der Morgen, in: GS IV, S. 290f. (= Dietrich Bonhoeffer Werke, Bd. 14: Illegale Theologenausbildung. Finkenwalde 1935-1937, hg. von Otto O. Dudzus und J. Henkys, Gütersloh 1996, S. 871-873).
49. D. Bonhoeffer, Antrag zur Einrichtung eines Bruderhauses, in: GS II, S. 449 (= Dietrich Bonhoeffer Werke, Bd. 14, a.a.O., S. 75-80).
50. GS III, S. 24f. (= Dietrich Bonhoeffer Werke, Bd. 13: London. 1933-1935, a.a.O., S. 272f.).
51. Dietrich Bonhoeffer Werke, Bd. 4: Nachfolge, hg. von M. Kuske und I. Tödt, 2. durchgesehene und korrigierte Auflage, München 1994.
52. Ebd., S. 29f.
53. Ebd., S. 36.
54. Ebd., S. 31.
55. R. Strunk, Nachfolge Christi. Erinnerungen an eine evangelische Provokation, München 1981, S. 205.
56. Dietrich Bonhoeffer Werke, Bd. 4: Nachfolge, a.a.O., S. 303.
57. E. Bethge, Dietrich Bonhoeffer, a.a.O., S. 765.
58. A. Eden an G. Bell. Brief vom 4.8.1942, in: GS I, S. 501.
59. Dietrich Bonhoeffer Werke, Bd. 6: Ethik, a.a.O., S. 275.
60. WE, S. 9-26.
61. D. Bonhoeffer, Gedanken zu W. Paton: The Church and the New Order, in: GS I, S. 357.
62. WE, S. 10f.
63. Zit. n.: B. Naumann, Auschwitz. Bericht über die Strafsache gegen Mulka u.a. vor dem Schwurgericht Frankfurt (Fischer Bücherei 885), Frankfurt 1968, S. 264f.
64. WE, S. 12f.
65. WE, S. 24.
66. WE, S. 14.
67. WE, S. 25.
68. Vgl. dazu: E. und R. Bethge (Hg.), Letzte Briefe aus dem Widerstand. Aus dem Kreis der Familie Bonhoeffer, 3. Auflage, Gütersloh 1995.
69. WE, S. 66f.
70. Zit. n.: Dietrich Bonhoeffer: Nachfolge am Kreuz, Widerstand und Galgen. Ein Film von H.J. Dörger. Mitarbeit Chr. Gremmels, Cal-

wer-Verlag / Matthias-Film, Stuttgart 1985. Vgl. auch: G. Latmiral, Einige Erinnerungen der Haft in dem Wehrmachtuntersuchungsgefängnis Berlin-Tegel, in: Die Begegnung. Festgabe für G. Latmiral zum 80. Geburtstag. Bonhoeffer-Rundbrief Nr. 31/1989, Teil II/1.
71. WEN, S. 401-402.
72. D. Bonhoeffer, Widerstand und Ergebung. Briefe und Aufzeichnungen aus der Haft, hg. von E. Bethge. Neuausgabe, 3. Aufl. München 1985, S. 146 (im folgenden abgekürzt: WEN).
73. WE, S. 194ff.
74. Brautbriefe Zelle 92. Dietrich Bonhoeffer – Maria v. Wedemeyer. 1943-1945, hg. von R.-A. v. Bismarck und U. Kabitz. Mit einem Nachwort von E. Bethge, München 1992 (im folgenden abgekürzt: Brautbriefe).
75. R. Wind, Dem Rad in die Speichen fallen. Die Lebensgeschichte des Dietrich Bonhoeffer, Weinheim und Basel 1990, S. 130f.
76. Brautbriefe, S. 87 (Brief vom 27.11.1943); Brautbriefe, S. 174 (Brief vom 26.4.1944).
77. Brautbriefe, S. 38 (Brief vom 12.8.1943).
78. WEN, S. 182 (Brief vom 15.12.1943; vervollständigt).
79. WE, S. 138.
80. WE, S. 206f.
81. WE, S. 156f.
82. E. Bethge, Ohnmacht und Mündigkeit. Beiträge zur Zeitgeschichte und Theologie nach Dietrich Bonhoeffer, München 1969, S. 148.
83. Zit. n.: Dietrich Bonhoeffer: Nachfolge und Kreuz, a.a.O. (s. Anm. 70).
84. E. Bethge, Dietrich Bonhoeffer, a.a.O., S. 1024.
85. Brautbriefe, S. 214.
86. Vgl. dazu: Chr.U. Schminck-Gustavus, Der »Prozeß« gegen Dietrich Bonhoeffer und die Freilassung seiner Mörder (Dietz Taschenbücher 67), Bonn 1995.

Personen

Im Personenverzeichnis erscheinen folgende Abkürzungen:

altpr.	altpreußisch
B	Dietrich Bonhoeffer
BK	Bekennende Kirche
DC	Deutsche Christen
DEK	Deutsche Evangelische Kirche
EKD	Evangelische Kirche in Deutschland
ev.	evangelisch
geb.	geboren
KG	Kirchengeschichte
KZ	Konzentrationslager
NS	nationalsozialistisch
NSDAP	Nationalsozialistische Deutsche Arbeiterpartei
NT	Neues Testament
ÖRK	Ökumenischer Rat der Kirchen
ÖRPC	Ökumenischer Rat für praktisches Christentum
OKR	Oberkirchenrat
OKW	Oberkommando der Wehrmacht
Pfr.	Pfarrer
Prof.	Professor
RKG	Reichskriegsgericht
SS	Schutz-Staffel
syst.	systematisch
VELKD	Vereinigte Evangelisch-Lutherische Kirche in Deutschland
verh.	verheiratet

Althaus, Paul (1888-1966): 1919 Prof. für Syst. Theol. u. NT in Rostock, 1925 in Erlangen.

Beck, Ludwig (1880-1944): Generaloberst; 1935-1938 Chef des Generalstabs des Heeres; im August 1938 zurückgetreten; führend im militärischen Widerstand gegen Hitler; am 20.7.1944 nach Scheitern der Verschwörung Suizid.

Bell, George Kennedy Allen (1883-1958): 1907 Hilfsgeistl. in Leeds; 1910 akad. Lehrtätigkeit in Oxford; 1914 in Canterbury Residential Chaplain des Erzbischofs; 1924 Dean of Canterbury; 1929-1957 Bischof von Chichester; 1932 Vorsitzender der britischen Sektion und internationaler Präsident des ÖRPC; Nov. 1933 erste Kontakte mit B; 1937 Mitglied des Oberhauses; trifft 1942 B und Hans Schönfeld in Schweden und erhält von diesen Informationen über deutsche Oppositionspläne, kämpft danach vergeblich für positive Signale an diese Opposition seitens der britischen und amerikanischen Regierung. 1945 Vorsitzender des Rats für Auswärtige Beziehungen der Kirche von England; 1948 Vorsitzender des Zentral- und Exekutivausschusses des ÖRK.

Bethge, Eberhard (geb. 1909): Theologie-Studium in Königsberg, Berlin, Wien, Tübingen, Halle-Wittenberg; 1935 Predigerseminar der BK in Zingst und Finkenwalde; Mitglied des Bruderhauses; 1937 Studieninspektor in Dietrich Bonhoeffers Sammelvikariat Groß-Schlönwitz/Sigurdshof; 1940-1945 Missionsinspektor bei der Goßner-Mission in Berlin; 1943 Heirat mit Renate Schleicher, der Nichte Dietrich Bonhoeffers; zur Wehrmacht eingezogen; nach dem 20. Juli 1944 in Italien verhaftet und in das Gestapo-Gefängnis, Lehrter Str. 3 in Berlin gebracht; nach der Befreiung am 25. April 1945 persönlicher Referent bei Bischof Dibelius; 1945 Studentenpfr. an der Humboldt-Universität, gleichzeitig 1949 an der Technischen Hochschule; 1953 Auslandspfr. in London; 1961 Leiter des Rheinischen Pastoralkollegs in Rengsdorf; 1976 emeritiert; lebt in Wachtberg.

Bethge, Renate, geb. Schleicher (geb. 1925): Tochter von B´s Schwester Ursula und Rüdiger Schleicher; Studien in Musik und Psychologie; verh. mit Eberhard Bethge.

Canaris, Wilhelm (1887-1945): Deutscher Admiral; Leiter des Deutschen Abwehrdienstes im Wehrmachtsamt des Reichskriegsministeriums seit 1935, des Amtes Ausland/Abwehr im OKW seit 1938; am Widerstand gegen Hitler beteiligt (in Verbindung mit L. Beck); 1944 abgesetzt und 1945 im KZ Flossenbürg hingerichtet.

Dibelius, Otto, Dr. phil., Lic. theol. (1880-1967): 1925 Generalsuperintendent der altpreußischen Kirchenprovinz der Kurmark; Mitarbeit in der ökum. Bewegung; Juni 1933 beurlaubt; 1937 arrestiert und entlassen; Mitglied des Berliner Bruderrates, im Auftrag der Vorläufigen Kirchenleitung beteiligt an der »Freiburger Denkschrift«; 1945-1966 Bischof von Berlin-Brandenburg; 1949-1961 Vorsitzender des Rats der EKD.

Dohnanyi, Hans von (1902-1945): Jurist; 1929 im Reichsjustizministerium, zuletzt Leiter des Ministerbüros; 1939 Reichsgerichtsrat in Leipzig; am 25.8.1939 einberufen in die Zentralabteilung der Abwehr des Oberkommandos der Wehrmacht; Leiter des Referats für Politik der Dienststelle Hans Osters, unter Admiral Canaris, mit diesem führend im konspirativen Widerstand gegen Hitler; am 5.4.1943 verhaftet; am 9.4.1945 im KZ Sachsenhausen getötet.

Fritsch, Werner Freiherr von (1880-1939): Generaloberst; im Februar 1938 schwer verleumdet und entlassen, suchte im Polenfeldzug im September 1939 den Tod an der Front.

Heckel, Theodor (1894-1967): 1922 Reiseprediger in Solln bei München; 1925 Studienrat in Europa; 1928 Oberkonsistorialrat im Dt. Ev. Kirchenbundesamt in Berlin; 21.2.1934 Ernennung zum Auslandsbischof; Leiter des neuerrichteten Kirchlichen Außenamtes; vom Reichsbischof mit Bischofstitel versehen; 1939-1945 Leiter des Ev. Hilfswerks für Internierte und Kriegsgefangene; 1950-1964 Dekan in München.

Hildebrandt, Franz (1909-1985): Theologe; seit 1927 mit Dietrich Bonhoeffer befreundet; 1933 Ordination; Hilfsprediger in Klein-Machnow bei Berlin; Amtsniederlegung nach der »Braunen Synode« September 1933, die forderte, daß Geistliche rückhaltlos für den NS-Staat eintreten und »arischer« Abstammung sein müßten (Hildebrandt stammte aus teilweise jüdischer Familie); bis Januar 1934 mit Dietrich Bonhoeffer in dessen Pfarrhaus in London; 1934 Assistent Martin Niemöllers in Berlin; 1935 Dozent an der Kirchlichen Hochschule Berlin; 1937 Emigration nach England; bis 1938 Hilfspfr. an der St. Georgskirche London; 1939-1946 Pfr. der deutschen ev.-luth. Flüchtlinge in Cambridge; ab 1946 als methodistischer Geistlicher und Theologieprof. in England, den USA und Schottland; 1968 Austritt aus der Methodistischen Konferenz.

Hirsch, Emanuel (1888-1972): 1921-1945 Prof. für Kirchengeschichte, 1936 auch für Syst. Theol. in Göttingen; 1933 förderndes Mitglied der SS; Nähe zu den DC; 1937 Mitglied der NSDAP; 1945 zwangsemeritiert.

Holstein, Horst, Dr. jur. (1894-1945): Berliner Rechtsanwalt; ab 1933 Verteidigung von Notbundpfarrern; 1934 Verteidiger der BK in Zivil- und Strafrechtsprozessen; Mitglied der zweiten Synode der BK der altpr. Union und der Reichsbekenntnissynode 1936 in Bad Oeynhausen; 1936 Berufung in die Verfassungskammer der zweiten vorläufigen Kirchenleitung; 1940 Frontoffizier, aus gesundheitlichen Gründen bald in Berlin eingesetzt.

Lasserre, Jean (1908-1983): 1926-1930 Studium an der protestantischen Fakultät in Paris, 1930-1931 zusammen mit B am Union Theological Seminary in New York; bis 1973 Pastor der Französischen Ref. Kirche in verschiedenen Orten Frankreichs; 1961-1969 Sekretär des französischen Zweigs des Internationalen Versöhnungsbundes.

Latmiral, Gaetano (1909-1995): Italienischer Ingenieur; Prof. für Teoria e Technica delle onde elettromagnetiche. Von September 1943 bis Weihnachten 1944 als italienischer Kriegsgefangener im Wehrmachtsuntersuchungsgefängnis von Berlin-Tegel.

Leibholz, Gerhard (gen. Gert), Dr. jur. et phil. (1901-1982): 1926 Heirat mit B's Zwillingsschwester Sabine; Prof. für Staatsrecht in Greifswald, dann Göttingen; 1938 wegen seiner jüdischen Abstammung nach England emigriert; dort in Kontakt mit Bischof Bell; während des Krieges zeitweise interniert; 1947 Rückkehr nach Göttingen; Bundesverfassungsrichter in Karlsruhe.

Leibholz, Sabine, geb. Bonhoeffer (geb. 1906): Zwillingsschwester von Dietrich Bonhoeffer; verh. mit Gerhard Leibholz; lebt in Göttingen.

Marahrens, August (1875-1959): 1925-1947 Bischof der Ev. Luth. Landeskirche von Hannover; April – Juli 1933 luth. Mitglied im »Kaplerausschuß« zur Neuordnung der DEK; 1934-1936 Vorsitzender der Vorläufigen Kirchenleitung; 1934 Mitglied des »Lutherrates«; 1935 Präsident des Luth. Weltkonvents; 1939 Mitglied des Geistl. Vertrauensrats der DEK; 1947 Rücktritt als Landesbischof.

Meiser, Hans (1881-1956): 1911 Vereinsgeistlicher der Inneren Mission Nürnberg; 1915 Pfr. in München; 1922 Leiter des Predigerseminars Nürnberg; 1928 OKR in München; 1933-1955 Landesbischof in Bayern; 1934 Mitglied des Reichsbruderrats und des »Lutherrats«; 1938 Vorsitzender des »Lutherrats«; 1949-1955 erster Leitender Bischof der VELKD; 1945-1954 Mitglied des Rates der EKD.

Niemöller, Martin (1892-1984): Im Ersten Weltkrieg Marineoffizier, zuletzt U-Boot-Kommandant; 1919-1924 theologische Ausbildung; dazwischen Freikorpskämpfer; 1924 Geschäftsführer der Inneren Mission in Münster; 1931 Pfr. in Berlin-Dahlem; 1933 Mitbegründer und Leiter des Pfarrernotbundes; 1937 verhaftet; 1938 gerichtlicher Freispruch, dennoch bis 1945 in Konzentrationslagern (Sachsenhausen und Dachau); 1945-1956 Mitglied des Rates der EKD und Leiter des Kirchl. Außenamtes der EKD; 1947-1964 Kirchenpräsident der Ev. Kirche in Hessen und Nassau; 1957 Präsident der Deutschen Friedensgesellschaft; 1961-1968 einer der Präsidenten des ÖRK.

Oster, Hans (1887-1945): Berufssoldat; 1929 Major, Ic der 6. Div. in Münster; Winter 1932/33 verabschiedet; Okt. 1933 als Zivilangestellter zum Amt Ausland/Abwehr; 1935 durch Admiral Canaris als Oberstleutnant reaktiviert; 1938 während der Fritsch-Affäre Beginn der Widerstandskontakte mit Beck, Dohnanyi u.a.; Sept. 1938 Chef der Abt. Z in der Abwehr; Dez. 1942 Gen. Major; 16.4.1943 nach H. von Dohnanyis Verhaftung vom Dienst entlassen und zur Führerreserve versetzt; am 21.7.1944 verhaftet und am 9.4.1945 im KZ Flossenbürg hingerichtet.

Perels, Friedrich Justus (1910-1945): Berliner Jurist; 1933 Referendar in Berlin und Potsdam; gleich seinem Vater und zwei seiner Onkel von der »Arier«-Gesetzgebung betroffen; 1936-1940 Justitiar des altpr. Bruderrates sowie des Pfarrernotbundes; 1940-1944 Mitarbeiter in der Kanzlei des Rechtsanwalts Dr. Horst Holstein; 5.10.1944 verhaftet und in das Gefängnis Lehrter Str. 3 eingeliefert; am 23.4.1945 erschossen.

Roeder, Manfred, Dr. jur. (1900-1971): Jurist; 1942 dienstaufsichtsführender Richter des Luftgaugerichts III/IV Berlin; 1942 mit dem Verfahren »Rote Kapelle« befaßt; 3.4.1943 zum RKG für den Fall »Depositenkasse« abkommandiert, leitete von April bis August 1943 die Vernehmungen von Dohnanyi, B u.a.

Schönfeld, Johannes Otto Leopold (gen. Hans), Dr. rer. pol. (1900-1954): Volkswirtschaftler und Theologe; 1929 wiss. Assistent am sozialwiss. Institut in Genf; 1930 Ordination und Hilfspred. der dt. luth. Gemeinde in Genf; 1931-1946 Leiter der Studien-Abt. im ÖRK; 1948/49 OKR und ökum. Referent des Kirchl. Außenamtes der EKD in Frankfurt/M.

Schönherr, Albrecht (geb. 1911): Zwischen 1931 und 1933 während des Theologiestudiums in Berlin Kontakt mit Bonhoeffer; 1935 im 1. Finkenwalder Kurs; 1935 Pfarrdienst in Greifswald; 1937 Pfr. in Brüssow; 1947 Superintendent Brandenburg/Havel; 1951 Direktor des dortigen Predigerseminars; 1963 Generalsuperintendent der Kurmark in Eberswalde; 1967 Verwalter des Bischofsamtes Berlin-Brandenburg, 1973 Bischof; 1969 Vorsitzender der Konferenz der Kirchenleitungen des Bundes der Ev. Kirchen in der DDR; 1981 Ruhestand.

Stöhr, Hermann (1898-1940): Sekretär des »Internationalen Versöhnungsbundes. Deutscher Zweig«, 1939 zunächst wegen Fahnenflucht zu einjähriger Gefängnisstrafe, dann wegen »Zersetzung der Wehrkraft« (Wehrdienstverweigerung) zum Tode verurteilt, am 21.6.1940 in Plötzensee enthauptet.

Wedemeyer-Weller, Maria von (1924-1977): Tochter von Hans und Ruth von Wedemeyer, geb. v. Kleist-Retzow. 1943 Verlobung mit Dietrich Bonhoeffer. Mathematikstudium in Göttingen und Bryn Mawr (USA). Lebte seit 1948 in USA.

Zeittafel

Dietrich Bonhoeffer

1906	4. Februar: Dietrich Bonhoeffer in Breslau geboren
1923-1927	Theologiestudium in Tübingen und Berlin
1928	Vikariat in der dt. Auslandsgemeinde in Barcelona
1930	2. Theol. Examen. Studienaufenthalt in New York
1931-1933	Privatdozent in Berlin; Studentenpfarrer, Jugendsekretär des Weltbundes für Freundschaftsarbeit der Kirchen
1933	1. Februar: Krit. Rundfunkvortrag zum Führerbegriff April: Vortrag »Die Kirche vor der Judenfrage«
1933-1935	(Okt. 33 – April 35) Pfarrer von zwei deutschen Gemeinden in London
1934	August: Teilnahme an ökumen. Konferenz in Fanö
1935	April: Beginn des Predigerseminars auf dem Zingsthof (Vorpommern), ab Juni: in Finkenwalde
1936	Entzug der Lehrbefugnis an der Universität
1937	September: Schließung des Predigerseminars durch die Gestapo; Einrichtung von Sammelvikariaten
1938	Ausweisung aus Berlin. Erste Kontakte zu Männern des Widerstandes
1939	Juni: Reise zu Vorträgen in den USA Ende Juli: Rückkehr nach Deutschland
1940	Schließung der Sammelvikariate durch die Gestapo. Bonhoeffer schließt sich dem Widerstand an. Redeverbot. Polizeiliche Meldepflicht
1941	Im Auftrag des Widerstandes zwei Reisen in die Schweiz. Druck- und Veröffentlichungsverbot
1942	Aufenthalte in Norwegen, Schweden, Schweiz. Kontakte zur englischen Regierung über Bischof Bell
1943	17. Januar: Verlobung mit Maria von Wedemeyer 5. April: Verhaftung. Einlieferung in das Gefängnis Berlin-Tegel. Anklage: »Zersetzung der Wehrkraft«
1944	Briefe aus dem Gefängnis. 22. September: Zossener Aktenbefund beweist Bonhoeffers Widerstandstätigkeit 8. Oktober: Einlieferung in Gestapo-Keller Prinz-Albrecht-Straße (Berlin)
1945	7. Februar: Verlegung in das KZ Buchenwald 8. April: Einlieferung in das KZ Flossenbürg. Nächtliches Standgericht. 9. April: Hinrichtung

Ereignisse der Weltpolitik / deutscher Politik

1914-1918	1. Weltkrieg
1917	Russische Revolution
1919	Friedensvertrag von Versailles
	Demokratische Weimarer Verfassung
1929-1931	Weltwirtschaftskrise
1930	Salzmarsch von Mahatma Gandhi
	NSDAP von 12 auf 107 Mandate
1933	30. Januar: Hitler Reichskanzler
	1. April: Boykott jüdischer Geschäfte
1934	»Röhm-Putsch«. Entmachtung der SA
1935	Allgem. Wehrpflicht in Deutschland
	Antijüdische »Nürnberger Gesetze«
	Friedensnobelpreis an Carl von Ossietzky
1936	Remilitarisierung des Rheinlandes
1937	Internat. Brigade gegen Faschismus in Spanien
	Höhepunkt stalinist. »Säuberungen« der KPdSU
1938	»Anschluß« Österreichs durch dt. Wehrmacht
	9. November: »Reichspogromnacht«
1939	Zerschlagung der Tschechoslowakei
	1. September: Invasion Polens. Beginn des 2. Weltkrieges
1940	Dt. Armee in vielen europäischen Staaten
	Juni: Kapitulation Frankreichs
1941	Invasion der UdSSR. »Judenstern«-Verordnung. Behandlung slawischer Menschen als »Untermenschen«
	Japan. Überfall auf Pearl Harbour: USA im Krieg
1942	Militärbündnis Deutschland, Italien, Japan
	Wannsee-Konferenz beschließt Holocaust
1943	Dt. Niederlage bei Stalingrad
	Wendepunkt des Krieges
	Mussolini gestürzt
1944	20. Juli: Gescheitertes Attentat auf Hitler
	»Deutscher Volkssturm« im Krieg
1945	30. April: Selbstmord Hitlers
	9. Mai: Gesamtkapitulation Deutschlands
	Potsdamer Konferenz: 4 Besatzungszonen in Deutschland

Die Autoren

Christian Gremmels, geb. 1941 in Solingen-Ohligs. Dr. theol. Habilitation für Systematische Theologie (Marburg 1976). 1979-1981 Professor für Sozialethik am Fachbereich Evangelische Theologie der Philipps-Universität Marburg. Seit 1981 Professor für Evangelische Theologie an der Universität Gesamthochschule Kassel. Mitglied des Herausgeberkreises der »Dietrich Bonhoeffer Werke«.

Heinrich W. Grosse, geb. 1942 in Lüneburg. Dr. theol. 1972-1989 Pastor in der Evangelischen Stephanusgemeinde in Wolfsburg. Seit 1989 Pastor und Dozent an der Pastoralsoziologischen Arbeitsstelle der Evangelisch-lutherischen Landeskirche Hannovers. Veröffentlichungen zu praktisch-theologischen Fragen und zum Werk Martin Luther Kings.

Dietrich Bonhoeffer

Lesebuch

Hrsg. von Otto Dudzus.
3. Auflage. 181 Seiten. Kt.
[3-579-05011-7] KT 11

Dieses Lesebuch ist in erster Linie für diejenigen gedacht, die auf Dietrich Bonhoeffer aufmerksam geworden sind und nach einem Einstieg zu seinen Schriften verlangen. Eine Auswahl jener Grundtexte, die im buchstäblichen Sinn Epoche gemacht haben.

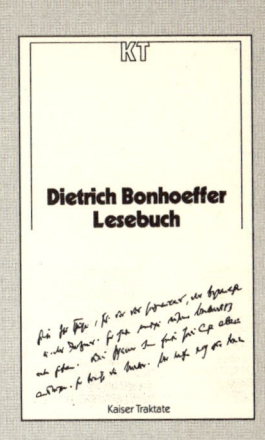

Widerstand und Ergebung

Briefe und Aufzeichnungen aus der Haft. Mit einem Nachwort von Christian Gremmels.
Hrsg. von Eberhard Bethge.
15., durchgesehene Auflage.
232 Seiten. Kt.
[3-579-05100-8] KT 100

Bonhoeffers Briefe und Aufzeichnungen sind ein privates Dokument von größter zeitgeschichtlicher Bedeutung. Das Buch enthält die an den Theologen, Freund und späteren Biographen Eberhard Bethge gerichteten Briefe.

Chr. Kaiser
Gütersloher
Verlagshaus

Dietrich Bonhoeffer –
Losungen für jeden Tag
des Jahres

Dietrich Bonhoeffer – Worte für jeden Tag

Herausgegeben von Manfred Weber. 128 Seiten. Kt. Originalausgabe [3-579-05139-3] KT 139

365 prägnante Sinnsprüche aus dem Gesamtwerk Dietrich Bonhoeffers ausgewählt, vermitteln Glaubens- und Lebenserfahrungen und geben Losungen für jeden Tag des Jahres, die ermutigen, ›nicht das Beliebige, sondern das Rechte‹ zu tun und zu wagen.

**Chr. Kaiser
Gütersloher
Verlagshaus**